D0732992

On ira tous au paradis

Emmanuel Jaffelin

On ira tous au paradis

Croire en Dieu rend-il crétin ?

Flammarion AnTidotE

Emmanuel Jaffelin est entré en philosophie comme d'autres en religion. Après une décennie passée sous les tropiques, il enseigne désormais à Sceaux, au lycée Lakanal.

© Flammarion, Paris, 2013.
ISBN : 978-2-0812-7074-9

« On ira tous au paradis, mêm' moi
Qu'on croie en Dieu ou qu'on n'y croie
[pas, on ira
Avec les chrétiens, avec les païens
Et même les chiens et même les requins
On ira tous au paradis. »

Michel POLNAREFF

« Que de fois l'ai-je rappelé : que Dieu préfère les imbéciles, c'est un bruit que depuis dix-neuf siècles les imbéciles font courir. »

François MAURIAC, *Bloc-notes*, 26 mars 1954

« Puis l'Éternel Dieu planta un jardin en Éden, du côté de l'Orient, et il mit l'homme qu'il avait formé. L'Éternel Dieu fit pousser du sol des arbres de toute espèce, agréables à voir et bons à manger, et l'arbre de la vie au milieu du jardin, et l'arbre de la connaissance du bien et du mal. »

La Bible, Genèse 2, 8

Pour Théo

Introduction

Le paradis est un lieu improbable. Aucune carte ne le mentionne et mon GPS s'affole si je lui demande de m'en indiquer la direction : il me propose une liste impressionnante de lieux dont le plus connu, à un jet de pierre de Notre-Dame, est une boîte de nuit érotique, le *Paradis Latin*, qui excite les sens sans offrir le sens, à savoir la récompense de toute une existence. Concernant l'autre – le Paradis céleste – celui qui est censé m'accueillir en cas de vie sainte ou honnête, rien n'est établi ; et ce n'est pas mon GPS qui m'y conduira. Alors ne vaut-il pas mieux parader dans cette vie-ci plutôt que de croire au paradis là-haut ? Profiter de l'ici, goûter le maintenant et faire sienne la devise d'Horace, *Carpe diem* ? Dieu sait qu'elle est belle, cette expression qui nous invite à *cueillir le jour*. Mais quid de la nuit, de celle qui m'attend au crépuscule de mon existence ? Et si je suis cigale le jour, pourrai-je encore danser la nuit ? Horace ne le dit pas, même si, en disciple d'Épicure, il nous renvoie à la séparation des atomes qui nous auront fait vibrer sans assurer le service après-vente une fois l'obsolescence avérée.

L'idée de paradis n'est pas banale. Venue à nous du grec ancien *parádeisos* (παράδεισος, l'« Éden ») via le latin ecclésiastique *paradisus,* l'origine de ce mot enchanteur se trouve dans la belle langue avestique où *pairidaēza,* composé de *pairi,* « autour », et de *daēza,* « mur », signifie « jardin, enclos, espace clos ». Après cette vie trépidante passée dans la jungle des villes, il doit faire bon se reposer dans ce jardin qui n'aurait peut-être pas rebuté le vieil Épicure ! D'ailleurs, cette entrée dans un jardin me fait penser au retour à Ithaque : la vie n'est-elle pas une odyssée qui doit me ramener à mon point de départ, à mon port d'attache, tel Ulysse après un voyage plein de péripéties ? Le psychanalyste au pied moins marin qu'Ulysse, mais à la fibre plus maternelle, verrait sûrement dans ce jardin généreux un retour *in utero.* Bref, le paradis s'ouvre à toutes les interprétations. Il stimule l'imagination de ceux qui y croient comme de ceux qui en nient l'existence.

Toujours est-il que, Paradis ou Éden, on y croit tous un peu lorsqu'on passe devant une agence de voyages nous présentant, au milieu de la grisaille, un monde coloré et chaleureux. Nul besoin de chercher le paradis très haut : il est à portée d'avion. Dans les moments de blues ou de saturation d'une vie surmenée ou insipide, nous serions tous prêts à plaquer le quotidien pour cette éternité d'une semaine, avion et demi-pension compris. Une plage, un cocotier et un transat sur fond d'immensité bleutée. Dans le film *The Island* (2005) de Michael Bay, censé se passer en 2019, une ville gigantesque et souterraine abrite des centaines de pensionnaires qui vivent dans cet espace confiné en raison d'une supposée contamination de la terre. Seule une île semble avoir échappé à la catastrophe. Une loterie est organisée pour permettre à quelques individus de s'y rendre afin d'échapper à leur prison dorée. Mais la vérité est moins rose : le lauréat est juste exfiltré de la communauté afin de servir de pièces de rechange à l'être humain cloné dont il est issu. Dans ce film, le paradis est pavé de mauvaises intentions ; mais n'est-ce pas le cas de tous les discours qui en font la promotion ? De l'agence de voyages qui nous « survend » un voyage paradisiaque dans lequel, sauf si nous la fumons, nous découvrirons que l'herbe n'est pas plus verte dans le pré voisin ou lointain ? De l'Église qui nous promet, moyennant une sainte attitude, que nous attend un monde plus que parfait dont même la publicité n'a pas l'idée ? Et que dire des guerres livrées au nom d'un monde purifié de ses ennemis ? Et des actes terroristes dont les hérauts vont directement au Paradis sans passer par la case « purgatoire » ? Et des suicidés déçus de l'ici-bas et qui pensent retrouver un avenir plus radieux ? Si le paradis est porté par des discours aussi peu fiables, il n'est pas sûr qu'il vaille une messe !

Cette histoire de paradis a assez duré. Je me suis déjà fait avoir jusqu'à dix ans avec le Père Noël, ce n'est pas pour gober au XXIe cette vieille lune qui relève de l'enfance de l'humanité. À l'âge adulte convient au minimum *le scepticisme,* au maximum *l'athéisme.* Me reviennent d'ailleurs à l'esprit ces images édifiantes des Athées américains (American Atheists) qui ne doutent de rien et dont le parti fut capable de réunir 10 000 personnes à Washington lors de la campagne présidentielle de 2012. Sur leurs pancartes, on pouvait lire les slogans suivants : « Tout va bien sans Dieu », « Seuls les moutons ont besoin de berger » ou « Tant de chrétiens, si peu de lions » (cités dans *Le Monde* du 27 mars 2012). Et c'est vrai que tout va bien, n'est-ce pas lecteur ? Ni enfants mourant de faim chaque jour, ni malades sur leurs lits de souffrance, ni guerres, ni violences, ni injustices. Tout va très bien, madame la marquise !

L'un de mes amis – appelons-le Pierre – m'a informé récemment qu'il se faisait débaptiser et qu'il me conviait à cette cérémonie. Quelle bonne idée ! Retirer ce fil à la patte que nos parents nous ont attaché alors que nous n'avions ni la faculté de parler ni l'âge de raison, profitant lâchement de notre vie végétative de nourrisson pour nous coller de l'eau sur le front et une étiquette qui n'ouvre plus aucune porte et qui n'a probablement jamais été le sésame du Paradis. Pourtant, je ne sus que répondre à une telle initiative : car si l'eau du baptême est sans effet, le fait de l'annuler m'apparaît logiquement tout aussi inefficace. On n'annule pas un acte de magie : on le démonte ou on l'ignore. Mais cet acte de rébellion me plut car je lui trouvais du panache ! Désormais, Pierre affronterait la vie sans aucun espoir d'aller au Paradis ! Et une vie sans filet, n'est-ce pas le début du courage ?

Allons, enfants de la Patrie ! Nous avons passé l'âge de croire au paradis. Allons plus loin : celui qui s'abaisse à croire à ces fadaises ne se condamne-t-il pas à être un fada ou un crétin ?

N'y a-t-il pas un défaut d'intelligence et de connaissance dans le fait d'adhérer à toutes ces choses que la religion a placées (investies ?) dans la tête des hommes ? On a beau être désespéré ou avoir peur, on ne se rassure pas avec un tissu de sornettes ! Désormais, la science est là qui nous dit de quoi nous sommes faits et de quel bois nous devons nous chauffer. L'humanité est adulte : nous ne devons plus aduler ni Dieu ni Maître.

Nous avons ainsi franchi une étape qui fait de nous des hommes de savoir, non des croyants. Un doute pourtant se glisse en moi subrepticement : mais si nous n'allons pas au Paradis, à quoi bon vivre et pourquoi avons-nous vécu ? Quel est le sens d'une vie qui débouche sur le néant ? Que deviennent mes atomes après ma mort ? Après moi, est-ce le déluge ou le début d'un je-ne-sais-quoi-presque-rien qui ressemblerait à une autre vie ?

CHAPITRE PREMIER

Dieu expire

Le paradis n'a plus cours en Occident, même s'il est encore en cour en Orient. Il s'est démonétisé. Autrefois, l'homme pouvait payer pour aller au Paradis comme en témoigne le trafic d'indulgences au Moyen Âge qui consistait à racheter sa peine afin de le regagner sans délai. Dénoncé sous l'appellation de « simonie », ce trafic consistait pour le fidèle à marchander auprès du prêtre un pardon, une remise de peine, contre des espèces sonnantes et trébuchantes. Liquidité terrestre *versus* solidité céleste. Un bon investissement, croyait-on à l'époque. Bien avant le scandale du Panamá, l'affaire éclata en Allemagne. Chargé par l'évêque de Mayence qui prélevait une commission de 50 %, le moine Johann Tetzel avait ciselé, avec autant de mordant qu'un « pubeux » du XXIᵉ siècle, le slogan suivant pour vendre ses indulgences : « Aussitôt que l'argent tinte dans la caisse, l'âme s'envole du purgatoire. » L'affaire fit grand bruit et la pratique des indulgences en général fut, au cours du XVIᵉ siècle, assimilée à une forme de corruption. Aujourd'hui, nous parlons du paradis sans indulgence comme le reliquat d'une superstition en berne.

Or, si ce revirement de situation nous semble brutal, il est en germe dès l'Antiquité et plus de six siècles avant l'apparition du christianisme ! Le ver était dans le fruit : son origine se trouvait dans la philosophie.

Le putsch des philosophes

La fin du mythe

Au commencement était le Verbe. Or, le verbe se disant en grec *logos*, nous comprenons pourquoi le commencement de la fin du paradis prend sa source dans la philosophie. En effet, alors que la Bible hébraïque ou l'Ancien Testament identifient le Verbe divin avec la Création, la philosophie proclame la rupture de la raison *(logos)* et du mythe *(muthos)*. Les premiers philosophes sont ces hommes qui cherchèrent à expliquer la nature sans recourir au surnaturel. Même si les dieux ont des pouvoirs spécifiques, ils ne sont pas transcendants à la nature et l'anthropomorphisme qui les caractérise vaut voisinage et parenté avec l'humanité.

Tandis que la Genèse raconte comment l'homme est chassé du Paradis terrestre pour avoir mangé « le fruit défendu » – qu'on identifiera tardivement à la pomme par une confusion entre *pomma* (le fruit, en latin) et *malum* (la pomme) –, la Grèce archaïque donne naissance à des hommes qui ne se fient plus aux mythes de leur religion polythéiste pour expliquer les phénomènes naturels. Exempts de tout esprit de provocation ou d'athéisme, les premiers philosophes se tournent vers la nature pour en rechercher le fondement. Comprendre la nature à partir d'elle-même : telle est la radicalité de leur geste qui scelle l'acte de naissance de la philosophie. Selon ces hommes, ce ne sont plus les caprices des dieux qui expliquent la météorologie, mais les éléments naturels eux-mêmes. Une logique interne à la nature (*phusis*) permet d'éclairer ces événements.

Ces premiers philosophes, les Milésiens, sont appelés « physiciens » car ils cherchent à connaître la nature indépendamment de la religion. Née à

Milet, cité grecque ionienne sur l'actuelle côte turque, la philosophie naturaliste est ainsi connue pour son trio de stars : Thalès, Anaximandre et Anaximène.

Le premier, célèbre pour ses théorèmes mathématiques, explique au VIIe siècle avant J.-C. que la nature est essentiellement faite d'eau (*hudôr*). Le principe de la nature n'est donc pas divin, mais aqueux ! Les autres éléments (air, terre, feu) en proviennent. L'idée que l'eau est la source de toute chose n'est pas stupide. Lorsque la science nous apprend aujourd'hui que la terre était anciennement recouverte par la mer, que la vie y est apparue et que notre corps est composé à 75 % d'eau, nous ne pouvons que féliciter Thalès de son intuition. Excellent mathématicien, il découvre le diamètre, les angles isocèles, le théorème éponyme, mesure la hauteur d'une pyramide. Brillant astronome, il prédit des éclipses, décrit la Petite Ourse, calcule les intervalles des solstices aux équinoxes, mesure la taille apparente du soleil. Son goût pour l'observation lui aurait valu, selon Platon, de tomber dans un puits en regardant les astres ! Retour à l'eau, c'est-à-dire au principe (*archè*) de toutes choses. Image de l'arroseur arrosé qui était un puits de science et qui donne à la science occidentale son principe : expliquer la nature par la raison.

Anaximandre lui succède, précédant Anaximène et Pythagore qu'il aura pour élèves. Ce n'est pas dans l'eau, mais dans *l'illimité* ou *l'infini (apeiron)* qu'il reconnaît le principe de toutes choses. Le monde, les choses ou la vie naissent de l'indétermination pour y retourner. Les quatre éléments (eau, air, terre, feu) ne sont pas premiers, mais seconds : ils dérivent d'un tourbillon initial qui divise la matière. Le philosophe conçoit un système mécaniste du monde, la terre étant suspendue dans l'air sans aucun support, à la différence de son maître qui la présentait tel un disque posé sur l'eau. Il défend également l'idée d'une pluralité des mondes que reprendront un siècle plus tard l'atomisme de Démocrite et, plus récemment, les astrophysiciens partisans du « multivers ». Il explique la foudre non par l'action de Zeus, mais par le choc des nuages sous l'action du vent. Il pense que la vie animale est née de la mer. Quant à son élève, Anaximène, il parie sur l'air : tout s'explique par de l'air raréfié ou condensé. Le feu n'est ainsi que de l'air dilaté. À l'inverse, l'air qui se comprime donne le vent, puis l'eau et enfin la terre !

Nous comprenons que si la Grèce est une destination touristique paradisiaque, ce n'est pas chez ses premiers philosophes que nous en puisons l'image. Comparer *le pa-radis terrestre* de la genèse et *le radis intellectuel* des philosophes revient à reconnaître deux racines possibles de l'origine du monde : celle d'un jardin harmonieux dont l'homme aurait perturbé l'agencement et se serait fait expulser pour vivre dans la culpabilité et la tentative de se racheter ; et celle d'une nature composée d'éléments que le philosophe identifie et assemble dans une joie ludique et intellectuelle. Avec la philosophie, l'existence des dieux n'est ni rejetée ni condamnée, mais conservée comme le fondement d'une pratique sociale ; le panthéon continue de rythmer la vie des Grecs et des philosophes, mais il perd son rôle explicatif de la nature. Jean-Pierre Vernant écrit ainsi, dans *Les Origines de la pensée grecque* (1981), que « la nature n'a pas opéré *au commencement* d'une autre façon qu'elle ne le fait encore, chaque jour, quand le feu sèche un vêtement mouillé ». Les dieux sont marginalisés. Ils appartiennent bien à la nature, mais ne la fondent plus. Ils glissent dans la banlieue du savoir. Les premiers philosophes réalisent ainsi un putsch intellectuel : en distinguant la croyance aux dieux de l'examen rationnel de la nature, ils dédramatisent et laïcisent cette dernière. Une première Bastille tombe dont les prêtres n'ont plus les clés.

Le triomphe de la raison

Vingt-cinq siècles plus tard, la philosophie a fait son œuvre : Dieu s'est éteint. Il a cessé de respirer. Nietzsche le dit plus crûment dans son *Gai Savoir* : « Dieu est mort. » Les anciens avaient creusé sa tombe ; les modernes l'y ont précipité. La raison antique s'accommodait de la présence sociale des dieux ; la raison moderne ne supporte plus la prétendue existence d'un seul. Comment en sommes-nous arrivés là ? En raison de la marche constante et progressive de... la raison vers la lumière. La recherche de la vérité ne tolère pas les certitudes mal établies.

Pour Nietzsche, la croyance en Dieu se développe contre la vie. Le croyant préfère l'ombre à la lumière, la faiblesse à la force, la négation de la volonté à son affirmation. Il écrit ainsi, dans *La Généalogie de la morale* (1887) : « Dante s'est, à ce qu'il me semble, grossièrement mépris, lorsque, avec une ingénuité qui fait frissonner, il grava au-dessus de la porte de son Enfer, cette inscription : *Moi aussi, l'amour éternel m'a créé.* Au-dessus de la porte du paradis chrétien et de sa béatitude éternelle, on pourrait écrire, en tous les cas à meilleur droit : *Moi aussi, la haine éternelle m'a créé* – en admettant qu'une vérité puisse briller au-dessus de la porte qui mène à un mensonge. » Les prêtres ont depuis deux mille ans cultivé une volonté mortifère, s'ingéniant à faire aimer aux hommes une vie faible pour mieux les préparer à la mort. L'idée même du paradis constitue le plus grand mensonge de l'humanité qui sert à dévaloriser la vie sensible, sensuelle et sensée. Rien n'est plus fou que la croyance religieuse car elle retourne la vie contre elle-même, nourrissant chaque homme de sa mauvaise conscience *(morsus conscientiae)*, faisant de lui un sous-homme *(Untermensch)* et réalisant cette inversion des valeurs permettant aux faibles de prendre le pouvoir en se faisant passer pour des forts. La croyance religieuse agit ainsi tel un poison dévitalisant l'individu qui s'y range et rongeant de l'intérieur l'humanité qui s'y lange. À l'opposé de cette attitude morbide, Nietzsche fait l'apologie de l'aristocrate antique, de l'artiste athée et du surhomme qui pratique la *gaya scienza*.

L'image du poison sera rendue célèbre par Marx qui, guère plus tendre que son compatriote avec le cadavre de Dieu, voit dans la religion un « opium » plaçant le peuple cul par-dessus tête. C'est que la religion ne tient pas un discours de vérité : elle appartient à l'idéologie, cette *superstructure intellectuelle* qui vient recouvrir, c'est-à-dire masquer, justifier et renforcer une *structure économique* injuste.

L'ouvrier qui se rend à l'église le dimanche ne comprend pas que le prêche du prêtre est un prêchiprêcha destiné à lui redonner de l'élan pour redescendre le lundi dans la mine ou repartir à l'atelier après avoir éteint en lui toute velléité contestataire. À quoi bon négocier son salaire, son temps de travail et les conditions dans lesquelles celui-ci s'exerce si l'essentiel est ailleurs, non dans l'atelier, mais dans ce paysage limpide et paisible où il convient d'arriver au terme d'une vie de peine et de misère ?

La célèbre citation de Marx date de sa jeunesse, dans sa *Contribution à la Critique de la Philosophie du Droit de Hegel* (1844) : « La religion est le soupir de la créature opprimée, le cœur d'un monde sans cœur, tout comme elle est l'esprit d'une situation sans spiritualité. Elle est l'*opium* du peuple. » Mais Marx ne se contente pas de faire de la religion un narcotique : il en fait un dispositif historique qui empêche l'homme de se libérer et le maintient dans un système social profondément injuste. À l'alliance féodale du glaive et du goupillon succède la complicité marchande du bourgeois et du curé. La religion constitue un obstacle à la lutte des classes, à l'éveil de la conscience politique et à la révolution prolétarienne. Le marxisme est une machine de guerre contre l'Église, non parce que celle-ci répand l'encens, mais parce qu'elle roule pour le capital. Le prêtre, après avoir soutenu et défendu l'Ancien Régime, couvre le nouveau qui pratique l'exploitation de l'homme par l'homme. Si la Bible vole au secours du bourgeois, il appartient au philosophe de la dénoncer pour fournir des armes à l'ouvrier en vue de la révolution qui s'annonce.

Un troisième compère, moins philosophe que médecin, affinera le diagnostic de ces deux prédécesseurs. Freud considère la religion comme « l'avenir d'une illusion », c'est-à-dire comme la mise en œuvre et en scène dans la société d'un mécanisme psychique : le refoulement. Le croyant est cet homme qui réprime ses désirs au nom d'un idéal – Dieu – qui n'est lui-même qu'un avatar du Père. Après l'animisme, qui attribue à la nature des intentions, l'homme développe une nouvelle illusion : celle visant à réconcilier l'homme avec la mort et adoucir les privations que la vie sociale entraîne. La figure du Père s'impose ici dans sa double fonction : craint par l'enfant, il assure en même temps sa protection, comme au début de la célèbre prière chrétienne : « Notre père, qui êtes aux cieux, que ton nom soit sanctifié. » La religion a donc pour but de neutraliser la frustration, provenant de la conscience d'être mortel, et la privation issue du renoncement à satisfaire tous ses désirs. La croyance religieuse n'est donc pas une erreur – c'est-à-dire un défaut d'attention ou d'objectivité – mais une illusion – soit la manifestation du désir cherchant à s'imposer à la réalité, voire à s'y substituer. Le propre de la croyance religieuse consiste pour le fidèle à prendre ses désirs pour la réalité : celui-ci veut l'immortalité de son âme et l'existence de Dieu, deux conditions pour qu'il puisse séjourner au Paradis.

Freud établit un parallèle clinique entre le névrosé et le religieux : le premier donne à ses désirs refoulés la forme d'habitudes et de routines qui calment son angoisse ; le second trouve dans les rites déjà constitués de la religion le cadre idéal pour contenir son désir. Le névrosé, c'est-à-dire chaque personne structurée par le refoulement du désir, vit, à travers ses manies, tics et superstitions, une *religion privée* : il range ses clés à tel endroit, plie ses draps ou sa serviette de telle manière, tient sa cigarette ou son téléphone de telle façon. Le croyant, c'est-à-dire l'homme fidèle à un Dieu et engagé dans une pratique cultuelle, vit à travers les rites de sa religion une *névrose collective* qui lui dit ce qu'il faut faire dans chaque situation. Que le rite soit collectif ou le tic personnel, le désir l'emporte sur le réel sans plonger pour autant le croyant dans le délire. Il n'est pas coupé de la réalité, mais il l'enjolive de son désir en l'imaginant créée et observée par Dieu.

Sublime religion ou manifestation de la sublimation ? La croyance religieuse est en tout cas mise à la question par la pensée moderne. La philosophie paraît conduire logiquement à *l'athéisme* : si le divin n'existe pas, la conséquence de la vérité ne peut être que la liberté. Or quelle marque de liberté plus grande y a-t-il que celle consistant à s'affranchir d'une illusion aussi tenace que la religion ? L'athée n'est autre que l'esprit libéré de la gangue religieuse et du gang des prêtres. D'un trio l'autre, la vérité s'installe : de la laïcité des philosophes présocratiques à l'athéisme des penseurs modernes, la religion n'a fait que reculer. Croire en Dieu rend *crétin* au triple sens de *faible,* d'*aliéné* et de *névrosé.*

Le paradis des philosophes

Cependant, il est paradoxal de constater que les philosophes qui préparèrent l'attentat contre Dieu ne se privèrent pas de proposer une alternative au paradis. Le roi des philosophes, Platon, ne propose-t-il pas, au-delà de cette nature dont les milésiens cherchaient à percer les secrets, un

monde idéal et éternel, imperméable à tous chan-
gements et baigné dans la lumière des idées ? Tel
est pourtant le récit mythique du soldat Er le Pam-
phylien qui, mort au combat, raconte ce qu'il a
vu dans l'au-delà en revenant à la vie. « Aussitôt
que son âme était sortie de son corps, elle avait
cheminé avec beaucoup d'autres, et elles étaient
arrivées en un lieu divin où se voyaient dans la
terre deux ouvertures situées côte à côte, et dans
le ciel, en haut, deux autres qui leur faisaient face.
Au milieu étaient assis des juges qui, après avoir
rendu leur sentence, ordonnaient aux justes de
prendre à droite la route qui montait à travers le
ciel […] et toutes ces âmes qui sans cesse arrivaient
semblaient avoir fait un long voyage ; elles
gagnaient avec joie la prairie et y campaient
comme dans une assemblée en fête. » Or, ce
mythe, qui divise les morts en deux catégories,
ceux qui vont en Enfer et ceux qui vont au Paradis, clôt *La République* (livre X, 614c-615c) de
Platon, comme si le *logos* ne pouvait s'exonérer du
support de l'imagination pour inviter le lecteur
à raisonner.

Certes, ce n'est pas la croyance *(pistis)* qui peut
conduire à un tel paradis, mais bien le *logos* et
notamment ce type de raisonnement particulier
que Platon nomme *dialectique* et qui consiste,

d'hypothèse en hypothèse, à réfuter toutes les contradictions qui surgissent de la conversation pour parvenir à la vérité *(aléthéia)* qui est anhypothétique, c'est-à-dire exempte de doute. La *conversation* se mue en *conversion* : elle oriente l'âme vers ce qui l'attire et dont elle est constituée, la réalité spirituelle. Il n'empêche : le philosophe nourrit par la raison l'espoir de (re)trouver un lieu extraordinaire, sur-naturel, méta-physique, c'est-à-dire un paradis perdu ! Pour Platon, la philosophie est nostalgie, cette souffrance qui pousse l'âme au-delà de la réalité immédiate et présente pour qu'elle se retrouve de plain-pied dans sa demeure éternelle : le ciel des idées.

Certains objecteront que c'est là un trait de la philosophie idéaliste qui a pour la nature si peu d'appétence qu'elle rejoint par ses raisonnements l'aspiration à l'au-delà des religions. Objection rejetée ! La philosophie matérialiste ne fait pas l'économie du paradis. La différence ? Au lieu de le localiser dans un *ailleurs invisible*, elle le place dans un *ici et maintenant tangible*. Sur cette ligne, Épicure va très loin. Il considère comme son maître Démocrite que la nature est faite d'atomes, mais il en tire des conséquences morales : si les dieux font partie de la nature, ils sont donc composés de particules matérielles ! Il évacue ainsi la peur des dieux tenus pour responsables de phénomènes naturels et de notre vie après la mort.

Épicure nous invite à penser le bonheur comme l'état de quiétude absolue auquel parvient le sage qui se contente de plaisirs modérés et qui s'est libéré de toute crainte. S'opposant à la religion du peuple, le philosophe soutient l'idée selon laquelle les dieux ne sont pas cause de ce qui nous arrive : « Et d'abord songe qu'un Dieu est un être immortel et bienheureux [...] accorde-lui tout ce qui convient à l'immortalité et à la béatitude » *(Lettre à Ménécée)*. D'autre part, puisque la mort n'est que la dispersion des atomes qui me constituent, je ne crains pas la mort lorsque les atomes me font exister et je ne la crains plus une fois qu'ils sont dispersés : « Maintenant, habitue-toi à la pensée que la mort n'est rien pour nous, puisqu'il n'y a de bien et de mal que dans la sensation et que la mort est absence de sensation » *(idem)*. La peur est une passion *(pathos)* qui me fait vivre un enfer et dont seule la raison *(logos)* peut me libérer en instaurant cette assiette de l'âme qui a pour nom *ataraxie*. Philosopher revient à se libérer du tourment des passions, gégène intérieure qui transforme la vie de chacun en abîme. Au fond, le paradis d'Épicure n'est autre que son jardin. Cet homme de santé fragile et souvent malade, qui n'était pas en mesure de priser les excès de l'existence, nous recommande de cultiver le paradis à domicile, dans un jardin enclos par quelques bonnes certitudes et plaisirs simples : « C'est un grand bien, croyons-nous, que de savoir se suffire à soi-même, non pas qu'il faille toujours vivre de peu en général, mais parce que si nous n'avons pas l'abondance, nous saurons être contents de peu, bien convaincus que ceux-là jouissent le mieux de l'opulence, qui en ont le moins besoin. [...] Partant, quand nous disons que le plaisir est le but de la vie, il ne s'agit pas des plaisirs déréglés ni des jouissances luxurieuses ainsi que le prétendent ceux qui ne nous connaissent pas » (*idem*). Par un tel mode de vie, le sage devient supérieur aux dieux. Non seulement il échappe à leur emprise, mais il ne pâtit plus de rien. Il n'y a pas d'au-delà. Seul vaut le *hic et nunc*. Sa vie est pure action, c'est-à-dire résistance aux passions, clé de la liberté. Loin du jardin des délices, il sculpte son âme qui trône, telle une statue, dans un jardin sans épices. Âpre goût de la sagesse antique, au pain et à l'eau.

Pour Nietzsche, le paradis des religions est cet arrière-monde (*Hinterwelt*) au nom duquel le croyant dévalorise la vie immédiate. À l'idéal ascétique des hommes qui renoncent à la vie, il oppose

« son » paradis qu'il trouve dans la lumière d'Apollon et l'ombre de Dionysos, dans la musique de Bizet et la joie solaire du monde méditerranéen et dans l'attitude de l'enfant joueur, image de l'innocence d'une vie qui s'affirme sans connaître le remords. Mais plus radicalement, le paradis de Nietzsche n'est pas un lieu, mais un moment : celui de l'Éternel Retour qui est le principe même de la pensée tragique et de la volonté de puissance invitant le philosophe rebaptisé *nouveau prophète* à vouloir dans la joie tout ce qui revient, plaisir comme douleur. « Ô Zarathoustra, dirent alors les animaux, pour ceux qui pensent comme nous, ce sont les choses elles-mêmes qui dansent : tout vient et se tend la main, et rit, et s'enfuit – et revient » (*Ainsi parlait Zarathoustra*, 1883-1885).

Moins poétique, mais tout aussi tragique, le paradis de Marx paradera en rouge. La révolution prolétarienne doit permettre aux ouvriers du monde entier de mettre fin à cet enfer terrestre que constitue le capitalisme pour ouvrir l'ère du communisme. Le paradis n'existe pas encore, mais il découlera de la disparition de l'État. L'avènement d'une société dans laquelle chacun vivra, non plus *selon son mérite*, mais *selon ses besoins*, constitue une vision paradisiaque de l'existence des hommes. Le futur ne vise donc pas une éternité promise lors de l'office religieux, mais une vie collective élaborée dans le militantisme, le syndicalisme et l'action révolutionnaire. Le paradis doit être conquis et arraché des mains de ceux qui font de ce monde un enfer pour la majorité des hommes ; et Marx de proclamer, dans son *Manifeste du Parti communiste* de 1848 : « Les communistes ne s'abaissent pas à dissimuler leurs opinions et leurs buts. Ils proclament hautement que ces buts ne pourront être atteints sans le renversement violent de tout l'ordre social actuel. Que les classes régnantes tremblent à l'idée d'une révolution communiste. Les prolétaires n'ont rien à y perdre que leurs chaînes. Ils ont un monde à gagner. Prolétaires de tous les pays, unissez-vous ! » Le paradis est donc l'unisson de l'humanité obtenu par la révolution.

Quant au penseur viennois, épris d'archéologie égyptienne autant que psychique, le paradis revêt l'aspect d'un cabinet de curiosités au centre duquel trône le divan. Alors que Zarathoustra arpente les voies de l'avenir sur les chemins de crête alpins, que l'ouvrier chante *L'Internationale* le poing levé devant les grilles des usines, le patient de Freud soliloque allongé sur un divan et découvre un continent inexploré : son inconscient. Le paradis psychanalytique se trouve dans ce non-lieu que représente la personnalité aux prises avec elle-même et ses instances (ça, moi, surmoi) donnant libre cours à leur expression sous le regard bienveillant de l'analyste. Le paradis s'ouvre sur cette révélation : « Le moi n'est pas le maître chez lui » (*Abrégé de psychanalyse*, 1938).

Alors que le paradis des philosophes semble réservé à une élite formée par la sortie de l'ignorance, il s'ouvre pour Marx à l'humanité tout entière. On a d'ailleurs dit du marxisme qu'il était un christianisme renversé.

Le putsch de la marchandise

Ce serait prêter un grand pouvoir aux philosophes que de donner pour seule raison de la mort de Dieu leur travail de sape. Pour que les hommes abandonnent une idée aussi forte que le Paradis et la croyance en l'existence d'un être suprême, il faut que leur *mode de vie* change, et non seulement leur *manière de penser*. Bien entendu, ce nouveau mode de vie n'est pas indépendant de cette nouvelle manière de penser : il en est la conséquence socio-économique.

De l'homme croyant à l'homme marchand

Le croyant est un marcheur, non parce qu'une illusion le fait marcher, comme on « fait marcher » les enfants à la veillée de Noël, mais parce qu'il se rend en terre sacrée. Le croyant marche au péril de sa vie : il est *pèlerin*. Il a longtemps marché pour aller d'un lieu de culte à un autre. Du temple de Delphes à celui d'Athéna, de la synagogue au temple de Jérusalem, de l'église du village à Rome, de la mosquée à La Mecque, du temple hindou aux rives du Gange,... Ces marches n'ont pas empêché les marchés, lieu de rencontre et d'échange où se sont tissés les fils de l'humanité au gré des besoins et au contact des marchandises. Mais la marche n'est pas le marché : dans les deux cas, la démarche diverge. Dans le pèlerinage ou sur le chemin du temple, de l'église, de la synagogue ou de la mosquée, le fidèle suit une tradition, répond à un appel, part en quête de solutions à ses problèmes ou de remèdes à ses souffrances. Sur la route de la Soie ou dans le déplacement en ville qui abrite le marché, la marche obéit à une nécessité : celle de vendre ou/et d'acheter.

Le marché est le lieu du besoin. Nous allons au marché pour faire le plein de victuailles, vendre ou acheter les produits de la terre, de la mer ou façonnés par nos mains. Rien n'est plus vivant que le marché, lieu de ravitaillement où la couleur des produits le dispute au brouhaha des gens. Par opposition à la vie répétitive du quotidien, le marché est lieu de l'animation, du frottement, de la surprise : de beaux fruits, de beaux légumes, de beaux veaux, de beaux moutons, de beaux poulets. Les mains prennent le relais des yeux : on touche, on tâte, on soupèse et on discute du prix de la chose ! C'est souvent sur la place du marché que le paysan rencontre la paysanne qu'il épousera.

À côté, non loin, voire tout contre, le lieu de culte est celui du désir. Nous allons à l'église pour faire le plein d'espoir, exposer nos vœux pieux, remercier de ce qui a été accompli. Rien n'est plus aspirant que cette architecture où se retrouve en silence la foule qui criait et s'agitait dehors quelques instants plus tôt. Là encore, le contraste avec le quotidien est frappant : à la pauvre masure souillonne habitée par la plupart de ceux qui se pressent sous la voûte, s'oppose un vaisseau élancé qui invite à la réflexion et au voyage. De la bouche et des mains du religieux naissent des paroles sacrées et des miracles. La copule formée sur la place du marché se transforme en couple conjugué par la force de l'esprit.

Reconnaissons que de nos jours l'homme ni ne croit ni ne marche. Le marché a eu raison de sa marche. Il commande vêtements et aliments sur Internet. De son domicile, *home sweet home*, paradis en forme de cocon, il fait ses provisions et prévisions. À flux tendu, il gère au mieux ses besoins. Lieu de détente sans détention, le domicile retient l'attention de l'homme docile qui ne bouge plus. Dieu n'est plus. Nul besoin de marcher. Il n'y a plus de marché. À la place de la marche, l'homme postmoderne court : dans les rues, dans les parcs et dans les bois. Mais après quoi ? Après qui ?

Que s'est-il passé pour que le marché tue la marche et la place du marché ? Longtemps, il y eut la marche et ses sacs, puis la bicyclette et ses sacoches pour faire ses emplettes. La voiture permit de se rendre au supermarché et à l'hypermarché pour emplir un Caddie avant de remplir le coffre. Aujourd'hui, l'électron nous épargne cette sortie marchande : c'est la marchandise qui vient à nous. La marche n'était qu'un moyen de relier un point à un autre pour y faire parvenir la marchandise ; désormais, c'est celle-ci qui marche tandis que le consommateur, après l'avoir commandée, l'attend. L'homme attend toujours quelque chose : le signe de Dieu, la naissance d'un enfant, sa paye et, aujourd'hui, une livraison. On a la délivrance qu'on mérite !

L'électron fait marcher le marché sans place du marché. De lieu d'échange, le marché est devenu une toile abstraite (*abstract web* ?) sur laquelle transitent des *inputs* et des *outputs*. L'idée libérale selon laquelle le marché s'autorégule se tenait en dessous de la réalité : le marché se dissout. Le libéralisme a perdu : il n'y a plus de *marché*, plus de *marche*, plus de *marcheurs*. Juste des *marchandises* qui circulent dans un ballet ininterrompu ne correspondant ni aux saisons ni aux besoins. Les marchandises sont commandées par le désir : de religieux, son obscur objet est devenu une chose aussi rutilante qu'inutile. Marx avait raison de prévoir la fin du capitalisme ; il n'avait cependant pas vu que le fétichisme de la marchandise ne donnerait pas lieu à une révolution, mais à une involution : celle de l'homme devenu tronc rivé sur son fauteuil pour commander du bout des doigts des choses inutiles et incertaines. Certes, les objets nomades nous permettent de communiquer et d'acheter de la mousse à raser ou un shampoing au cours d'un trekking en plein désert, ce désert où Moïse reçut les Tables de la Loi ou Mahomet de l'ange Gabriel la parole même de Dieu ; mais ils ne nous facilitent pas la rencontre avec le désert intérieur.

La victoire de l'avoir sur l'être

Que dire de cette victoire du marché ? Qu'elle consacre le primat de l'avoir sur l'être. L'homme est cet être qui *a*. À force de marchander, il a cessé de marcher pour devenir sédentaire et propriétaire. Rousseau : « Le premier qui ayant enclos un terrain s'avisa de dire : "Ceci est à moi", et trouva des gens assez simples pour le croire, fut le vrai fondateur de la société civile » (*Discours sur l'origine et les fondements de l'inégalité parmi les hommes*, 1755).

La propriété n'est donc pas une propriété de l'être, mais la voie de son expropriation. Par l'avoir, l'être humain est dépossédé de lui-même, à savoir de son humanité. Si la plupart des lois protègent désormais la propriété privée (la Chine l'a reconnue seulement en 2007, mais en a exclu la terre dans laquelle Rousseau voyait justement l'origine de l'appropriation d'un seul et de l'expropriation des autres), ce n'est pas parce que l'être humain est menacé dans son être, mais dans son avoir. Pour l'homme moderne, l'être se définit par l'avoir. Son essence ne repose pas sur ce qu'il est, mais sur ce qu'il a et peut avoir : compte en banque, biens immobiliers, assurances vie, etc. Le compte en banque définit les « avoirs » du client, autrement dit son niveau d'accès aux biens et services disponibles dans la société. Plus il « a » sur son compte et plus il pense être. Moins il a, moins il est. Moins il est quoi ? Connecté, heureux, mobile, insouciant, désirable, guérissable, aimable, estimable, respectable. « Être ou ne pas être ? » s'interrogeait Hamlet. La question n'a plus cours puisque l'être s'est démonétisé. Avoir pour être ou être pour avoir : là est désormais la question !

Même la maladie est désormais de l'ordre de l'avoir : j'*ai* un cancer, un virus, une fracture. Autrefois, la maladie était considérée comme une altération de l'être : « j'*étais* malade », « j'*étais* atteint d'un cancer, contaminé par un virus, victime d'une fracture ». Aujourd'hui, la maladie s'ajoute à mes avoirs, même si elle me force à en retrancher certains pour y faire face. Le monde de l'avoir est celui de l'addition et de la soustraction ; le monde de l'être est celui de l'affirmation et de la négation. Loin des idées reçues, Descartes n'est pas l'homme de la modernité marchande. Par le *Cogito,* il ne dit pas qu'il est parce qu'il « a » une pensée de lui-même, mais qu'il « est » une telle pensée. Je suis parce que je pense que je suis, même quand je doute que je suis ou que je pense que je ne suis pas : « il n'y a donc point de doute

que je suis », quand bien même un Dieu en vien-
drait à vouloir me tromper (*Méditations métaphysiques*, deuxième méditation, 1641). Il ne s'agit
donc pas d'« avoir » une pensée de soi, mais
d'« être » cette pensée présente à soi, irréductible,
intuitive et fondatrice de toute vérité.

Or, dans ce pays supposé cartésien qu'est la
France, l'homme ne co-gite plus : il *s'a-gite*. Toute
sa volonté est tournée vers l'avoir. Capturer, pos-
séder, détenir : autant d'actes qui fondent son
a-gitation. Capture d'images, possession de don-
nées, détention d'actifs : trois dimensions de l'être
humain. L'intelligence humaine s'est débarrassée
de l'illusion divine et de la lourdeur de l'être : elle
vit l'insoutenable légèreté de l'avoir et donne de
la gîte. En vacances, la chambre doit *avoir* vue sur
la mer ou la face nord de l'Himalaya.

L'athéisme marchand fait de l'homme un *être de
l'avoir* dont la médecine nous fournit une illustra-
tion. L'homme est bien encore un être, mais bien-
tôt passé, dépassé et trépassé. Via la représentation
médicale et juridique, le corps de l'homme mort
conserve, non une dignité, mais un intérêt. En
effet, avant d'être livré au trépas total, il peut faire
l'objet d'un prélèvement d'organes. Avant la
relève, le prélèvement. Maintenir sur le seuil de la
mort le malade pour l'alléger de quelques organes

ne constitue pas un acte anodin : il représente
l'acte par lequel on signale la disparition de l'être
et l'apparition du règne de l'avoir. L'homme en
état de coma dépassé *a* encore un cœur et des
organes qui peuvent lui être retirés et replacés dans
un autre corps. Il *est* riche de ce potentiel. Ce
corps est *cliniquement* mort et il peut donc, selon
les latitudes et les législations, être dépecé afin que
ses organes soient offerts ou vendus comme des
pièces de rechange. N'est-ce pas précisément
parce qu'il est de l'ordre de l'*avoir* que le marché
peut faire son beurre et son miel de ce corps ? La
chirurgie ne peut faire son office dans ce transfert
qu'en *déconsidérant* le corps comme être et en le
reconsidérant comme avoir. *Avoir* un cœur, un rein
à transplanter : tel est l'aboutissement de la logique
athéiste. Pour opérer cette transsubstantiation du
corps faisant passer celui-ci de l'être à l'avoir, il a
simplement fallu modifier la définition de la mort :
d'*arrêt cardiaque*, celle-ci est devenue *arrêt cérébral*.
Cinquante centimètres séparent la seconde définition de la première. Anatomie d'un scandale ?
Toute-puissance du nominalisme qui croit, tel
l'enfant, que *nommer* confère l'être à la chose !
Depuis 1959, année de la théorisation de la mort
encéphalique qui fondera la mort administrative,

l'homme a vu son essence dévier du cœur au cerveau. *L'homme courageux* a cédé la place à *l'homme neuronal*. Freud rappelle que la science a infligé à l'homme trois humiliations en le faisant passer d'abord du géocentrisme à l'héliocentrisme, puis de créature divine à conséquence de l'évolution des espèces et enfin de la conscience à l'inconscient. Il faut ajouter cette quatrième humiliation qui réduit l'humanité de la personne à sa cervelle. Or, la mort ne tient pas plus dans cette définition de 1959 que le corps ne loge dans un avoir dépeçable.

Dans l'avoir s'épanouit le règne de l'intérêt, à savoir de ce qui est *inter-changeable* car il n'est *pas essentiel*. Seul l'avoir peut être échangé contre un autre avoir. Un commerçant ne dit-il pas d'une chose défectueuse, qui a été vendue et qui ne peut pas être remplacée à l'identique, qu'elle peut être compensée par un « avoir » ? Cette dictature de l'avoir fait de l'homme un être résiduel, et même, comme l'affirme Heidegger, « [...] la plus importante des matières premières parce qu'il demeure le sujet de toute usure, nous voulons dire qu'il donne à ce processus toute sa volonté, sans conditions, et qu'ainsi il devient en même temps "l'objet" de l'abandon loin de l'être » (*Essais et conférences*).

Dans une telle civilisation, l'homme n'est que parce qu'il *a*. Autant dire qu'il n'est pas grand-chose, qu'il est un *moindre-être*, un *homoncule* et que les temps futurs donneront peut-être lieu à des formes d'aliénation plus subtiles, mais plus puissantes que les formes ancestrales de l'esclavage et du servage. Des reins sont désormais en vente sur la Toile, comme des carburateurs ou des chaises de jardin ! De quelle infamie la médecine et le commerce se sont-ils rendus coupables ? À cet homme, il manque un rein car un autre n'avait plus de reins du tout ! Mais le second avait suffisamment d'avoir pour ôter au premier son surplus de reins. L'avoir a le dos large, même si l'être en a plein le dos.

Plus efficace que la philosophie, l'économie dans sa platitude du marché a étranglé l'aspiration au paradis. La consommation a effacé la consumation, l'éch-ange a remplacé l'arch-ange, le fétichisme de la marchandise a recouvert le catéchisme.

CHAPITRE 2

Dieu respire

L'histoire de l'humanité pourrait se lire comme un effort constant pour venir à bout de Dieu, comme si l'Être suprême avait engendré celui qui le tuerait. Le scénario existe *moderato cantabile* dans la mythologie grecque : Cronos, en émasculant son père Ouranos qui avait avalé ses frères et sœurs, éclaire le fondement *déicide* de notre civilisation prométhéenne. Si la conjonction de la rationalité et du mercantilisme débouche sur l'individualisme forcené et sa conséquence logique, pour ne pas dire mécanique – l'athéisme – la mort de Dieu n'est pourtant pas évidente. Disons même qu'à se pencher sur son présumé cadavre, nous constatons qu'il bouge encore. C'est qu'il n'est pas facile de tuer Dieu.

La résistance de la foi à la raison

Trois exemples historiques

Trois exemples historiques témoignent de la force de la foi et de la difficulté de tenir Dieu pour mort. Cinq ans après la prise de la Bastille et contre toute attente, la Révolution française instaure *le culte de l'Être suprême*, comme si le *vacuum* créé par la mort de Dieu nécessitait d'être comblé, comme si la nature avait horreur du vide, comme si le lien des hommes ne pouvait se passer du sacré. Robespierre *sait bien* qu'il est allé trop loin dans la chasse aux sorcières ; il *sent bien* désormais que la *religion*, comme l'indique son étymon latin *religere*, consiste à *relier* les hommes entre eux sous le regard de Dieu. Amorçant une marche arrière qui confine au comique, il croit récupérer la sociabilité issue d'une ferveur presque deux fois millénaire à la faveur d'un culte de pacotille flanqué d'un hymne atrabilaire « Père de l'Univers, Suprême intelligence ». Naïveté du politique face au religieux ! Prenant conscience des conséquences désastreuses de la déchristianisation opérée par la Révolution française, l'avocat Maximilien effectue ainsi un rétropédalage spectaculaire : le 8 juin 1794, au jardin des Tuileries, le grand manitou de la

Terreur met lui-même le feu à une statue censée figurer l'athéisme afin de lancer la première fête de l'Être Suprême et d'indiquer au peuple le retour de la foi et l'immortalité de l'âme. Comprenne qui pourra. L'Être Suprême ne fait pas long feu, n'étant rien d'autre que la version laïcisée de la déité, resucée light et éphémère du christianisme. Ce Dieu-OGM de la modernité, hybride de raison et de crédulité, aura eu la longévité la plus brève du panthéon mondial. Comme quoi, la suprématie n'était pas le fort de cet Être Suprême, ancêtre des Pères Noël de Supermarché ! Mais une chose est sûre : même de manière aussi grotesque et contradictoire, la croyance était de retour.

Signe d'une résistance naturelle cette fois, et non d'un artifice, la religion orthodoxe renaît de ses cendres dès la fin du XXe siècle sous la Pérestroïka (1985 à 1991) et sur les décombres du socialisme soviétique. Il était difficile d'enterrer cette expression consubstantielle de l'âme de ce pays, comme le rappelle Soljenitsyne : « Si nous, les Russes, en venions à tout perdre, territoires, populations, gouvernement, il nous resterait encore et toujours l'orthodoxie. » Le parallélisme entre la France et la Russie semble évident : les deux pays ont connu des révolutions sanguinaires, belliqueuses et athées. À l'instar de Robespierre,

Staline a compris dès 1941 qu'il pouvait tirer parti de l'Église pour relancer le patriotisme nécessaire à l'engagement de l'URSS dans la Seconde Guerre mondiale. Certes, dès 1959, Khrouchtchev revient aux fondamentaux athées et anticléricaux du socialisme, reprenant la persécution des religieux et des pratiquants. C'est donc sous Gorbatchev que la religion revient en odeur de sainteté à travers plusieurs mesures phares : la libération de prélats qui étaient en prison ou en résidence surveillée et qui retrouvent la juridiction sur leur magistère, la restitution d'églises au clergé, l'autorisation de diffuser et donc de regarder les offices religieux à la télévision, etc.

Aujourd'hui, la religion orthodoxe dans la Fédération de Russie représente plus de 50 millions de pratiquants, bien que 80 % de la population russe se déclare orthodoxe. À Moscou, il y avait 46 églises ouvertes avant la pérestroïka. Il y en a 460 aujourd'hui. Comme l'écrit Simone Weil dans *La Pesanteur et la Grâce* (1947), « ce n'est pas la religion, c'est la révolution qui est l'opium du peuple ». Autre acteur de ce revival religieux, l'islam s'est affirmé comme la deuxième religion du pays, surtout entre la mer Noire et la mer Caspienne, et pouvant être implanté depuis le milieu du VIIe siècle, comme dans le Caucase du Nord. Les musulmans de Russie représentent, faute de recensement, 11 à 22 millions de fidèles, soit de 8 à 15 % de la population devant les catholiques (7 %), les bouddhistes (1 %), les animistes, les protestants et les juifs (moins de 1 %).

Mais Dieu n'a pas *résisté* seulement au communisme ; il a *persisté* au sein du régime politique adverse, celui de la démocratie occidentale. Le fait que le candidat républicain à l'élection présidentielle américaine de 2012 soit lui-même un mormon revendiqué ou que le président des États-Unis prête serment sur la Bible montre que la séparation du *logos* et du *muthos* n'est ni étanche ni définitive. Il serait inexact de dire des États-Unis qu'ils sont une théocratie au même titre que l'Iran : la vie sociale n'y est évidemment pas fondée au quotidien sur l'observance de règles religieuses. Il serait toutefois présomptueux de dire aux États-Unis que « Dieu est mort » puisqu'il bouge encore au plus haut niveau de la vie politique – l'intronisation du chef de l'État – en dépit du fétichisme radical de la marchandise qui caractérise la société américaine. Dieu bouge tellement dans ce pays qu'il a entraîné un élargissement et un accroissement des religions. Ce qui serait une secte en France, faute d'être solidement établi sur une tradition, est reconnu aux États-Unis comme une religion pleine et entière.

Après tout, la secte sépare et la religion relie. Or, dans un pays où le communautarisme devient la règle, c'est-à-dire ce qui relie de manière non universelle les citoyens, la secte vaut religion. CQFD. Au pays du marché et de l'innovation, quiconque présente un nouveau produit pour un segment de marché auquel correspond une offre peut ainsi se proclamer prophète ou fondateur d'une religion. De la secte Moon à l'Église de scientologie en passant par Heaven's Gate, l'Amérique est une terre religieuse par excellence. Fondée et ensemencée par les Pilgrim Fathers, ces colons anglais fuyant les persécutions religieuses et débarquant du *Mayflower* pour faire de cette terre une « Nouvelle Jérusalem », l'Amérique accueille désormais dans un vaste œcuménisme tous les dieux et toutes les pratiques. Mais comment reconnaître dans cette efflorescence le bon grain de l'ivraie ? Difficile à dire, d'autant plus que cette ébriété religieuse ne se limite pas à la prolifération des confessions ; elle se traduit dans la monnaie du pays – qui est aussi une monnaie mondiale – par cette inscription figurant sur les billets : *In God We Trust*. Après la Nouvelle Alliance en Palestine, puis celle du Glaive et du Goupillon en Europe, l'Amérique invente celle de la Finance et de la Foi. Fiduciarité oblige !

L'implication sociétale des religions

Une autre forme de résistance se manifeste dans le cadre de la laïcité qui consiste à repousser la religion vers la sphère privée. Pour des religions polythéistes, le coup eût pu être fatal ; mais pour celles de l'intériorité, comme les trois monothéismes, ce reflux ne fit que nourrir la résistance. La religion est donc là, même si elle n'est plus partout : se sachant exclue de la politique, elle sait cependant qu'elle n'est pas bannie de la cité *(polis)*. Par exemple, avec la loi de 2004, la République française interdit dans les écoles « le port de signes ou de tenues par lesquels les élèves manifestent ostensiblement une appartenance religieuse ». Cette loi constitue indiscutablement un moyen de lutter contre le prosélytisme au sein de l'école censée favoriser la vie *en* communauté, non celle *des* communautés. Mais en empêchant le croyant de manifester sa foi avec ostentation, elle le conduit à compenser cette brimade par un esprit de résistance. Tout en s'attachant à respecter la laïcité, le croyant exige de l'État qu'il respecte les lois garantissant aux fidèles de toutes confessions de voir ses fêtes religieuses bénéficier de jours fériés, de disposer de lieux de culte pour prier et d'écoles pour y dispenser un enseignement religieux. Cette exigence est d'autant plus forte qu'elle émane des religions récemment installées sur le territoire français ou traditionnellement défavorisées. L'islam, le bouddhisme ou le confucianisme manifestent ainsi, dans le cadre de la laïcité, leur volonté d'exister sans ostracisme au sein de la République. Si, dans *Les Martyrs,* Chateaubriand invente cette fable selon laquelle les chrétiens persécutés sous l'Empire romain se réfugiaient dans les catacombes, il faut en revanche reconnaître que la laïcité, qui a refoulé les religions hors du pouvoir, les voit aujourd'hui sortir du bois : respectueuses de la loi et des institutions, elles réclament en retour d'être pleinement respectées par les autorités politiques. À défaut d'*exister politiquement*, les religions veulent *s'épanouir socialement* et ne plus pratiquer la formule de Florian : « Pour vivre heureux, vivons cachés. »

Cette résistance religieuse ne se contente pas de vouloir exister *per se* : elle prend la forme d'une implication sociétale. C'est ainsi que dans la plupart des débats de société, les religions s'invitent, voire sont sollicitées pour y apporter l'éclairage de leur tradition. Qu'il s'agisse dans les années 1960 du divorce et de l'avortement ou, aujourd'hui, des questions bioéthiques, de l'euthanasie ou du mariage entre personnes de même sexe, la religion a son mot à dire ; et si celui-ci n'est pas entendu ou pris en compte, elle peut mobiliser ses troupes pour peser sur l'opinion publique et les élus. Il existe bien sûr des différences religieuses sensibles justifiant le fait que, sur telle question, une religion monte au créneau plutôt qu'une autre.

En Europe, la question du divorce a opposé l'Église catholique et la partie de la société civile « progressiste ». Considérant que les liens du mariage sont indissolubles, les catholiques continuent de s'opposer non seulement au divorce, mais à sa banalisation et, au-delà de la rupture conjugale et religieuse, à la dissolution de la famille qu'il entraîne. Cependant, le fait que toutes les religions aient une position différente sur le divorce a rendu le consensus impossible et facilité son inscription durable dans la société. Libération par consentement mutuel dans le judaïsme, divorce et remariage dans l'orthodoxie et l'islam, ce dernier ne considérant pas le mariage comme un sacrement mais comme un contrat et pratiquant le divorce comme une répudiation : autant de possibilités religieuses de défaire le couple qui montraient en réalité le chemin aux laïques ! La distinction du mariage civil et du mariage religieux suffit enfin à circonscrire le discours antidivorce à la sphère religieuse. Par définition, le couple qui choisit un contrat strictement civil ne se sent pas concerné par des considérations théologiques. Symbole de la liberté individuelle, le divorce semble avoir gagné la partie.

Pour l'avortement, la lutte fut plus virulente, même si elle fut emportée par le vent de liberté et d'individualisme qui soufflait sur les années 1970 en arborant le visage du féminisme. Pour que la femme puisse devenir une personne libre, il lui fallait maîtriser sa vie en choisissant de donner ou de refuser la vie de l'enfant en gestation. Pour les catholiques, le message officiel du Vatican n'a pas évolué : l'avortement s'apparente à un crime. Jean-Paul II écrivait : « L'avortement et l'euthanasie sont des crimes qu'aucune loi humaine ne peut prétendre légitimer. » Il en va de même pour l'islam qui considère l'embryon comme un être vivant, même si certains pays tolèrent la pratique de l'avortement lorsque la vie de la mère est en danger. La position n'est guère différente dans le judaïsme. Au fond, la sacralisation de la vie par les trois monothéismes fait l'objet d'amendements et prend en compte des exceptions assouplissant l'interdit. Le bouddhisme et le protestantisme reconnaissent la vie dès le stade embryonnaire, mais le premier, par compassion, et le second, par responsabilité, acceptent que l'avortement soit rendu possible si la souffrance (psychique ou physique) de la mère l'exige.

La question de l'euthanasie fait l'objet d'une plus grande résistance et devient un enjeu d'autant plus crucial que la population occidentale vieillit au-delà des repères que l'homme avait par le passé. Ce sont néanmoins les religions qui mènent le débat, peut-être parce qu'elles portent toutes un regard sur la mort à partir d'une conception de l'immortalité. Les trois monothéismes s'accordent sur cette question. Opposée au cinquième commandement qui édicte « Tu ne tueras point », l'euthanasie est fermement combattue par la religion catholique et le pape Jean-Paul II dans son *Évangile de la vie* (*Evangelium vitae*, 1995) dénonce dans cette pratique « une culture de la mort ». L'islam et le judaïsme se trouvent sur la même ligne argumentative : le médecin n'ayant pas donné la vie, il ne lui appartient pas de la reprendre. Et les trois religions s'accordent sur la possibilité de soulager la douleur et de favoriser les soins palliatifs. Certes, deux pays de tradition protestante – la Suisse et les Pays-Bas – ont ainsi légalisé l'euthanasie active et le suicide assisté dans des conditions très strictes. Mais la Communion d'églises protestantes en Europe (CEPE) a ainsi publié une étude intitulée « Un temps pour vivre et un temps pour mourir » qui résulte d'une intense consultation de cent cinq Églises membres, présentes dans trente pays, s'opposant à l'euthanasie et à l'aide au suicide, s'incluant ainsi dans la démarche des trois monothéismes.

La question fait l'objet de controverses au sein même des différents courants bouddhistes. Si la mort n'est pas la fin de l'esprit d'une personne, la suppression de la vie est en revanche considérée comme un acte négatif. Cependant, comme l'avortement, elle peut être pratiquée par compassion, notamment dans le cadre d'une euthanasie passive consistant à ne pas alimenter, par exemple, la personne qui souhaite mourir. Au nom du principe de la réincarnation, le dalaï-lama ne prône toutefois pas l'euthanasie active par laquelle un tiers administre un poison au malade : car, en échappant aux souffrances de cette vie, le malade risquerait d'être confronté à des souffrances plus violentes dans une vie ultérieure. Le refus massif de l'euthanasie par les religions pèse donc sur la société moderne et sur l'institution hospitalière qui, sinon, pourrait facilement et sur le mode

consumériste encadrer la personne du début à la
fin en la faisant naître et en la faisant mourir.

Le débat est plus complexe concernant les biotechnologies. Les religions s'avancent cette fois en
ordre dispersé pour une raison évidente : la modi-
fication du vivant est présentée par la recherche
scientifique comme une telle source de progrès et
de confort pour l'humanité qu'il est difficile de s'y
opposer sauf à passer pour moyenâgeux...

La question du clonage ne fait donc pas consensus. Considérant le *clonage reproductif*, le judaïsme
n'y voit pas la main d'un Docteur Mabuse, mais
une réponse possible à la stérilité féminine considérée comme une maladie. De leur côté, bouddhisme et hindouisme n'y sont pas défavorables
dans la mesure où le matériel génétique de la personne importe peu au regard de la conscience que
celle-ci a d'elle-même. Or, la personne doit
prendre conscience de sa place dans la *scala naturae*,
non dans sa famille ! On comprend ainsi que ces
deux religions aient accueilli favorablement le dar-
winisme en y voyant une confirmation du chemin
que les esprits doivent parcourir depuis les espèces
les moins élevées du règne animal jusqu'à la forme
de conscience la plus élevée qui se rencontre chez
les sages. En revanche, orthodoxes, catholiques,
protestants et musulmans sont vent debout contre

le clonage dans lequel ils reconnaissent une technique de manipulation du vivant menaçant l'intégrité de l'espèce et la dignité de la personne, à commencer par son identité. Il va de soi que les premiers clones humains naîtront donc plus facilement à Tel-Aviv et à New Delhi qu'à Rome, Moscou ou Paris. À l'heure actuelle, aucun pays ni aucun laboratoire scientifique n'a prouvé avoir cloné un homme, ce qui indique soit que la technique n'est pas au point, soit qu'elle ne constitue pas une priorité de la recherche scientifique dans les pays qui n'y sont pas défavorables.

Sur *le clonage thérapeutique*, les avis divergent davantage. Cette technique consiste à fabriquer un embryon *in vitro* qui n'ira pas à son terme afin d'en tirer des cellules souches qui seront injectées dans la moelle osseuse du patient cloné pour remplacer un organe détruit. Le risque que le patient a de rejeter « ces » cellules est nul puisqu'il s'agit en fait de « ses » propres cellules dans la mesure où elles sont constituées du même patrimoine génétique. De leur côté, les musulmans s'opposent à cette biotechnologie car la vie est pour eux création divine et non fabrication. Les catholiques et les orthodoxes la rejettent également car l'embryon ne doit nullement constituer un moyen au service d'une personne. Paradoxalement, les bouddhistes acceptent le *clonage reproductif* qui donne lieu à une vie devant être respectée, mais condamnent le *clonage thérapeutique* qui implique la mort de l'embryon.

Plus récemment, les religions se sont impliquées dans le débat sur le mariage entre personnes du même sexe. L'homosexualité n'est pas ignorée des religions et elle concerne d'ailleurs une partie des fidèles qui peut se rencontrer au sein même du clergé. Le nouveau débat ne porte toutefois plus sur la valeur morale de l'homosexualité, mais sur la capacité juridique à se marier de ceux qui la revendiquent. Or, si d'un côté l'évolution de la société passe par un égalitarisme tous azimuts, il semble que le projet du mariage gay en France, baptisé « mariage pour tous », favorise l'union sacrée des religions qui parviennent à s'entendre pour la première fois contre le projet de loi (le bouddhisme choisissant de rester neutre). Le débat français s'inscrit donc dans la perspective d'une nouvelle société dans laquelle la famille se révélerait plastique, c'est-à-dire capable de nombreuses formules (à l'exception de la polygamie). Qu'il s'agisse de l'éducation familiale fondée sur la différence irréductible des deux sexes, de l'adoption ou de la procréation médicale assistée (PMA et

GPA), le mariage homosexuel ouvre, pour les religions, la boîte de Pandore, risquant d'entraîner des
conséquences imprévisibles.

Les Églises catholique et protestante mettent
l'accent sur l'irréductibilité de la différence des
sexes. Le pape s'oppose ainsi à la phrase qui ouvre
le livre de Simone de Beauvoir, *Le Deuxième Sexe* :
« On ne naît pas femme, on le devient. » Il réaf-
firme ainsi le caractère donné et non construit du
sexe. On *naît* femme, même si on veut être autre.
Le grand rabbin de France insiste sur l'idée selon
laquelle « le droit à l'enfant » n'existe pas plus pour
un couple formé par des personnes de sexe diffé-
rent que pour un couple « d'homosexuels »,
l'enfant n'étant pas un objet qu'on pourrait
s'approprier. Les musulmans mettent en avant la
nécessité de la filiation dont l'institution du
mariage se porte garante : la connaissance des rela-
tions entre ascendants et descendants constitue,
pour l'islam, un des socles de l'humanité. Paradoxalement, le consensus religieux met moins en
évidence les conséquences spirituelles que sociales
d'un tel mariage : que devient la filiation ? Qu'est-
ce qu'un enfant qui a deux pères ? et qui aurait
donc peut-être deux mères (la donneuse et la por-
teuse) ? Que deviennent la fonction paternelle et
la fonction maternelle ? À poser ces questions, les

religions s'étonnent presque d'être le porte-parole d'une société qui semble naviguer à vue tandis que les hommes politiques portant ce projet les rappellent au respect de la laïcité.

Depuis 2001, les Pays-Bas sont le premier pays à avoir rendu possible le mariage homosexuel. En 2012, quatorze pays l'ont inscrit dans leurs droits. L'Église luthérienne de Suède a voté en 2009 en faveur du mariage homosexuel religieux tandis que la même année, au Nigeria, les députés adoptaient la démarche inverse en votant à l'unanimité un projet de loi interdisant le mariage et toute forme d'union entre deux personnes du même sexe. Tout se passe donc comme si ce mariage constituait une des dernières conquêtes politiques de la liberté et de l'égalité à laquelle les religions résisteraient au nom de leur tradition. Dieu a beau être détrôné, les religions occupent encore un banc dans la cité ; et, en dépit de leur difficulté à imposer leurs vues dans ces débats, elles sont d'autant plus écoutées que le message de Dieu n'*inter-dit* plus, mais *dit* des choses qui peuvent être entendues. Après la théocratie, le *dit* de Théo nourrit la réflexion.

La démangeaison politique du sacré

Dans le débat écologique, les religions sont également présentes en raison de leur conception de la nature, de l'homme et de la société. Les problèmes de la pollution et du réchauffement climatique, de l'exploitation intensive de la nature et des conflits futurs liés à l'alimentation, l'eau, l'énergie et l'occupation de l'espace ne laissent pas les hommes indifférents. Pour les trois monothéismes, la nature est le jardin créé par Dieu qui l'a confié à l'homme. Le fait qu'elle soit saccagée indique à l'homme qu'il a sombré dans l'irrespect et qu'il se nuit à lui-même. Les peuples dits « premiers » et vivant dans les forêts primaires, dans les grandes plaines, les déserts brûlants ou glacés réagissent à ce saccage à partir d'une conception sacrée de la nature. Ils ne voient pas la nature comme un pur espace dans lequel l'homme peut agir à sa guise, mais comme une réalité vivante et spirituelle. Leur confier les clés de la maison aurait pour principale difficulté l'adoption d'un modèle économique de décroissance, mais pour avantage notable de protéger les conditions de survie de l'espèce humaine. Entre le monothéisme et l'animisme, le bouddhisme proclame lui aussi le caractère sacré de la vie tout en prônant une sagesse sans désir : s'il ne pousse pas à une fusion de l'homme avec la nature, il lui fournit toutefois les deux clés d'un pacte de non-agression. Pour autant, le développement industriel de l'Asie ne semble guère plus freiné par le bouddhisme que la pollution intensive de l'Occident ne l'est par le christianisme. Les monothéismes étant accusés de vouloir rajeunir leur doctrine en relisant la nature à l'aune de l'écologisme, le bouddhisme paraissant sans effet et les religions animistes se voyant privées d'un accès aux médias et aux centres de décision, les religions font figure de potiche dans un monde de brutes.

Le discours religieux d'un peuple peut cependant redevenir très vite politique lorsque son mode de vie est directement menacé. En Amérique, c'est l'animisme des peuples amérindiens qui conduit la résistance à un projet de barrage pouvant engloutir sous les eaux la terre sacrée des ancêtres. La croisade épique du chef Raoni menée sur le fleuve Xingu et dans les médias du monde entier avec l'appui de stars cathodiques témoigne de la force de la foi qui ose indiquer à la politique et à l'économie leurs limites. Le chef de la tribu Kayapo a compris qu'il pouvait tirer un trait d'union entre l'animisme et l'écologisme et rallier à sa cause une partie de la population occidentale.

D'une spiritualité à une sensibilité, du religieux au politique : ce tiret peut seul faire barrage au barrage hydroélectrique de Belo Monte en Amazonie qui provoquera l'inondation de cinq cents kilomètres carrés du territoire Kayapo et le déplacement de vingt mille personnes. Ce coup de menton du chef indien au plateau de balsa incrusté dans la lèvre inférieure, est un appel du pied à Brasília en particulier et aux hommes en général pour qu'ils portent leur regard au-delà de leurs pulsions énergivores. Le succès à l'écran du film *Avatar* peut nous laisser penser que ce lien sacré qu'entretiennent certains peuples avec la nature ne laisse pas insensibles ceux qui se sont coupés d'elle. Mais il est également probable que les spectateurs émus par Pandora ne se muent pas en acteurs pour le Xingu. La nature à l'écran mobilise plus que celle à l'encan.

Au Tibet, le motif du conflit est tout aussi religieux : le bouddhisme est en rébellion contre l'occupation chinoise amorcée en 1949. L'incompatibilité des deux régimes conduisit le second à vouloir éradiquer le premier considéré comme le fondement du servage et d'un régime théocratique. Le communisme prétendait incarner à l'époque la modernité face à l'archaïsme tibétain.

À la faveur de la Révolution culturelle, le gouvernement de Mao s'efforça de détruire la plupart des monastères tibétains pour ouvrir la voie à une vie sociale athée, matérialiste et communiste. En vain. La résistance tibétaine s'organisa dès le début et se poursuit de nos jours en dépit du discours pacifiste de son chef spirituel, le dalaï-lama, réfugié à Dharamsala, en Inde. Les autorités politiques de la région autonome du Tibet, sous tutelle chinoise, interdisent les photos du quatorzième dalaï-lama et punissent de prison ceux qui les exposent au prétexte qu'elles ne représentent pas seulement un chef religieux, mais un chef politique qui prône la séparation du Tibet de la Chine. Visiblement, le matérialisme chinois croit à la force des icônes ! Devant cette politique répressive, les religieux choisissent, comme en 2008, de combattre l'occupant par les armes, ou de se suicider en s'immolant par le feu. Ce n'est pas seulement par désespoir que les Tibétains mettent fin à leur jour, mais par volonté de préserver leur religion, base de leur société et creuset de leur humanité, en éclairant par le feu la répression injuste dont ils sont victimes. Ces immolations, également pratiquées par des nonnes, ne se limitent pas au Tibet actuel : elles s'étendent aux communautés tibétaines victimes de persécutions sur le territoire désormais chinois, notamment dans le Sichuan.

Au fond, le *logos* ne l'a pas emporté définitivement sur le *mythos*. Aujourd'hui, les hommes continuent de fréquenter les lieux de culte tout en expliquant la nature sur des bases scientifiques. Dans les pays les moins développés, la foi est encore omniprésente ; dans les autres, elle fait mieux que *per-sister* : elle *in-siste* et parfois *ré-siste*. Sise au cœur des civilisations, elle ne se laisse pas emporter par les révolutions. Qu'on compare son débit à celui d'un fleuve alimenté par la fonte des glaciers ou d'une source qui se tarit, la résurgence de la croyance montre qu'elle ne se laisse pas étouffer et qu'elle sourd pour finir par se faire entendre. La religion a résisté mieux qu'Antigone à l'enterrement de première classe qui lui était promis par les idéologies de tous poils. Une chose semble évidente : l'histoire ne se débarrasse pas de Dieu d'une chiquenaude. Peut-être parce qu'il a la peau dure. À moins que ce ne soit là le signe de Son Éternité.

L'abolition du savoir

L'idée de Dieu comme pulsion de vérité

Tout se passe donc comme si l'éclosion du savoir et le développement de la rationalité n'empêchaient pas la renaissance du phénomène religieux. Se pose alors cette question : peut-on encore croire en Dieu et au paradis alors que la science et la raison nous invitent à comprendre la culture et à expliquer la nature ? Cette question en appelle aussitôt une seconde : si l'on persiste dans cette croyance, est-ce par crétinisme ou par une forme d'intelligence que la raison peine à reconnaître comme telle ?

Le XVIIIe siècle est emblématique de cette nouvelle articulation entre la raison et la foi. En France, Diderot prône l'athéisme tandis que Voltaire, confortablement installé dans le déisme, proclame « écrasons l'infâme ! », formule par laquelle il signait ses lettres en abrégé (*Écr.L'inf.*). Si le premier joue la carte de la raison et des sens, le second s'en prend moins à l'objet de la croyance qu'à la religion comme vecteur d'intolérance. Outre-Rhin éclot une pensée d'une autre envergure. Kant écrit ainsi en 1784 cette phrase mystérieuse dans sa préface à la *Critique de la raison pure* : « Je dus donc abolir le savoir afin d'obtenir une place pour la croyance. » Loin d'appeler à l'obscurantisme, le philosophe veut fixer le cadre dans lequel la connaissance s'exerce. Or, la connaissance de la nature ne peut être absolue puisqu'elle dépend de notre pouvoir de connaître, autrement dit de la structure de notre intelligence. La réalité en soi – le *noumène* – nous échappe. Seul est connaissable l'objet qui se donne à notre sensibilité, le *phénomène*. La déception est grande, mais l'avenir n'est pas pour autant bouché.

En réalité, loin de tout empirisme qui nous ramènerait à la plate revendication de l'apôtre saint Thomas (« Tant que je ne vois pas ses mains avec la marque des clous [...] je ne crois pas »), le *phénomène* n'est ni la simple copie d'un modèle ni la marque de la subjectivité. Mais alors, de quel bois est-il fait ? Il se révèle une construction de l'intelligence qui garantit, par les lois qu'elle formule, son objectivité. Tel est le sens de la révolution copernicienne que Kant revendique en philosophie : la vérité n'est plus simplement la conformité de l'esprit à l'objet – la fameuse *adaequatio rei et intellectus* – mais la production par l'esprit des lois qui le décrivent. Puisque je ne sais rien de la *chose en soi*, il faut bien que je sache quelque chose de la relation que cette chose entretient avec moi. La connaissance porte ainsi moins sur une *essence* que sur une *relation*, moins sur la *présence* que sur la *re-présentation*. Connaître revient ainsi à mettre en forme la re-présentation que j'ai de la chose en soi ; et cette mise en forme prend l'aspect d'une loi expliquant le phénomène.

Appliquant le modèle astronomique de Copernic à la connaissance, Kant affirme que ce n'est pas la connaissance qui tourne autour de l'objet (comme *noumène*), mais l'objet (comme *phénomène*) qui tourne autour de la connaissance. Nous comprenons alors la raison pour laquelle le scientifique ne se comporte pas vis-à-vis de la nature comme *un élève* qui obéirait à l'instituteur lui dictant sa leçon, mais agit comme *un juge* imposant ses lois aux faits. À partir du moment où l'homme de science se voit interdit l'accès à *la chose en soi*, il légifère sur ses propres représentations. Sa *description* devient *prescription*. Connaître revient à juger, c'est-à-dire à prescrire sa loi au phénomène.

Cette distinction du phénomène et du noumène rebat les cartes du savoir. Il ne s'agit plus d'opposer *la vérité* comme produit de la raison et de la science à *l'illusion* issue de la foi et de la religion. En interdisant à la science de nous dire la vérité des choses en soi, nous devinons que s'ouvre un boulevard pour la croyance. Faute de *saisir* l'absolu, la science peut seulement *connaître objectivement* ce qui est *relatif à nous*, le phénomène, soit l'objet tel qu'il m'apparaît, non tel qu'il est indépendamment de moi. En nous livrant une connaissance objective des *phénomènes*, la science ne nous interdit cependant pas de penser *l'absolu ou le noumène.* Si j'ai besoin de penser pour connaître, je peux en revanche penser un objet que je ne connaîtrai jamais faute de le percevoir. De n'être pas une vérité, la pensée ne perd pour autant pas sa *valeur* ; elle semble même être l'indice, par ce détachement, d'une liberté de l'esprit. Bien sûr, cette échappée libre comporte le risque de prendre l'objet de la pensée pour une réalité. Mais tout l'enjeu de la *Critique de la raison pure* vise à éviter cette illusion : l'objet de ma pensée qui ne peut faire l'objet d'une preuve exige que je m'en méfie, non que je m'en dégoûte. Kant écrit ainsi, toujours dans sa préface : « Il en résultera évidemment que la seule connaissance spéculative possible de la raison sera limitée aux simples objets de l'expérience. Toutefois, il faut bien remarquer [...] que nous pouvons au moins penser ces mêmes objets comme choses en soi, quoique nous ne puissions pas les connaître (en tant que tels). Car autrement on arriverait à cette proposition absurde qu'un phénomène (ou apparence) existerait sans qu'il y ait rien qui apparaisse. »

L'idée de Dieu comme principe
de l'Encyclopédie

Il y a donc une seconde vie pour les pensées qui échappent à la science ; et cette seconde vie pourrait bien se révéler première pour peu qu'on la regarde de plus près.

Il en va ainsi de l'idée de Dieu. Aussi antinomique à la science qu'elle paraisse, cette idée recèle en réalité une exigence sans laquelle il n'y aurait point d'activité scientifique. En effet, qu'est-ce que l'idée de Dieu, sinon la représentation d'une détermination complète de la totalité des choses ? Le scientifique, même lorsqu'il s'attache à déterminer spécifiquement la mouche drosophile ou une brindille d'ADN, cherche à la comprendre au sein d'un déterminisme général sans lequel sa découverte demeurerait frappée du sceau de la subjectivité. Il n'est donc pas absurde de penser que le scientifique opère certes sur sa paillasse et dans ses éprouvettes, mais qu'il n'a pu entamer cette démarche sans penser que cette recherche puisse donner lieu à une synthèse ; et il n'a pu s'empêcher de penser que cette synthèse soit une pierre prenant place dans l'édifice de la science.

Dès lors, nous constatons que ce qui incite le chercheur à découvrir une vérité localement provient d'une aspiration à dévoiler globalement l'organisation de la nature. Nous aurions tort de glisser de l'expérience à l'idée de Dieu puisque c'est en réalité celle-ci qui a servi de moteur à celle-là. N'allons pas, comme le croient naïvement les empiristes, de la synthèse au système, mais bien du système à la synthèse. Dit autrement, sans l'idée de Dieu, il n'y aurait pas de science car l'homme n'aurait aucun désir de dépasser le constat empirique et de construire la science de manière systématique. « Cette unité rationnelle suppose toujours une idée : celle de la forme d'un tout de la connaissance, qui précède la connaissance déterminée des parties et qui contient les conditions nécessaires pour déterminer *a priori* à chaque partie sa place et son rapport avec les autres. Cette idée postule donc une unité parfaite de la connaissance intellectuelle qui ne fasse pas simplement de cette connaissance un agrégat accidentel, mais un système enchaîné suivant des lois nécessaires » (Appendice à la dialectique transcendantale).

En définissant la raison comme la « faculté de désirer supérieure », Kant nous la présente comme le pouvoir de ne pas se contenter du donné. Certes, le désir est parfois si grand que la raison en vient à prendre son désir pour la réalité et l'idée de Dieu pour un objet ou, plus exactement, pour un sujet doté de l'existence. Mais si la raison est critique d'elle-même, c'est pour s'empêcher de dépasser les limites de la connaissance qu'elle s'est prescrite. L'idée de Dieu n'est donc pas une fadaise, mais la source d'un double mouvement : impulsion même de la connaissance, issue de la raison comme faculté de désirer supérieure, et principe de systématisation des connaissances, marque suprême de la rationalité. Sans l'idée de Dieu, l'homme n'aurait ni aiguillon de vérité, ni encyclopédie à exposer. Par cette idée, la Raison déroule sa puissance dans deux directions : en désirant l'absolu, elle invite le savant à connaître les phénomènes et à les organiser en système. Système de désir et désir de système : tel est le va-et-vient de la raison qui encadre le savoir sur fond de divin.

En abolissant le savoir, Kant ne nous plonge pas dans la pénombre brumeuse de la folie et du fanatisme : il désigne simplement les limites de la raison qui produit elle-même une croyance. Le *logos* n'est pas omnipotent. Son pouvoir est limité et, hors de ses limites, commence une folie propre à la raison, mais aussi une intelligence propre à la foi. Que l'enfant apprenne à connaître les objets qui l'entourent ou que le physicien s'intéresse à la naissance de l'Univers, c'est à l'idée de Dieu qu'ils le doivent. Tout matérialiste qu'il se revendique, l'ancien prêtre Diderot contribue à l'*Encyclopédie* parce qu'au fond de lui pousse cette exigence d'absolu. Rivale de la Bible, l'*Encyclopédie* s'en trouve être une précieuse et utile note de bas de page.

CHAPITRE 3

Dieu inspire

« Je ne sais pas qui est ce que nous nommons Dieu. Mais je sais que le sentiment religieux est une respiration. Il n'existe pas s'il ne nous envahit pas en entier. »

Marguerite YOURCENAR, *Entretiens*.

Si Dieu respire, il ne faut pas que ce soit pour rien. Les hommes n'ont pas sauvé Dieu du naufrage pour le plaisir. Il doit leur renvoyer l'ascenseur. Dans le *Banquet* de Platon, Aristophane explique que si Zeus n'a pas exterminé les hommes après qu'ils eurent escaladé l'Olympe pour le défier, c'est pour garder des fidèles qui lui rendent hommage. Il est vrai qu'un Dieu sans fidèles, c'est un peu comme un roi sans sujets. Ce principe de bon sens doit marcher dans l'autre sens : si les hommes ont ressuscité Dieu, ce n'est pas pour qu'il se tourne les pouces. Mais alors, que peut-il faire pour les hommes ? À première vue, la question semble iconoclaste et sacrilège. À bien y regarder, nous constatons que l'idée selon laquelle Dieu nous aide est inscrite depuis long-temps dans toutes les religions. « Aide-toi, le Ciel t'aidera » : ce proverbe, qui tient lieu de morale à la fable de La Fontaine, *Le Chartier embourbé*, vient du fabuliste grec Ésope qui écrit : « Aide-toi et Dieu t'aidera. » Il n'est donc pas nouveau de demander de l'aide à Dieu. Peut-être même est-ce par cette première demande que l'homme est né à l'esprit ? Peut-être également est-ce par cette demande que chacun d'entre nous naît à soi-même et aux autres ?

Mécanique de la prière

De la demande à la prière

Il n'est pourtant pas facile de demander. Si notre économie distingue bien l'offre de la demande, c'est pour soumettre la seconde au régime de l'avoir. Les économistes seraient donc bien inspirés de s'interroger sur le détournement qu'ils font subir au vocabulaire. Aujourd'hui, demander sans payer revient presque toujours à *mendier*. Il est vrai qu'entre le demandeur d'emploi et le mendiant, il n'y a parfois que quelques mois de différence. Et pourtant, hors de la sphère économique, il existe une autre demande qui n'implique ni paiement ni dette, mais suppose simplement la manifestation d'une aspiration. Par cette demande, je quitte le circuit (fermé) de l'économie pour entrer dans celui (ouvert) de l'esprit. Dans la Bible, on trouve cette affirmation surprenante pour l'*Homo œconomicus* : « Demandez et l'on vous donnera ; cherchez et vous trouverez ; frappez et l'on vous ouvrira. Car quiconque demande reçoit, celui qui cherche trouve, et l'on ouvre à celui qui frappe » (Matthieu, 7, 7). Qui peut croire de telles choses ? Prenant en compte les chiffres qui permettent de comparer les niveaux de vie des hommes, je remarque que un milliard de personnes vivent sous le seuil de pauvreté. Face à un tel déséquilibre, l'exhortation du Christ paraît bien étrange.

Pourtant, l'explication suit, pleine de bon sens : « Lequel de vous donnera une pierre à son fils, s'il lui demande du pain ? Ou, s'il demande un poisson, lui donnera-t-il un serpent ? Si donc, méchants comme vous l'êtes, vous savez donner de bonnes choses à vos enfants, à combien plus forte raison votre Père qui est dans les cieux donnera-t-il de bonnes choses à ceux qui les lui demandent » (Matthieu, 7, 11). Dieu ne peut faire moins bien avec les hommes qu'un père avec son fils. Mais alors, pourquoi tant de misère ? Et ces personnes qui sont à bout de souffle, le sont-elles du fait de la méchanceté des cupides ou de leur impuissance à demander ? La question est redoutable et a déjà été retournée contre Dieu : si celui-ci est si puissant, pourquoi laisse-t-il les pauvres dans la misère, les malades dans la souffrance, les désespérés dans l'abîme ? Osons la réponse : parce qu'ils ne demandent pas.

Pour tous les croyants, demander est une chose naturelle qui signifie « prier ». Il n'y a encore pas si longtemps, dans notre société, nous pouvions « prier » quelqu'un de nous excuser (d'un retard) ou nous pouvions glisser dans un livre un « prière d'insérer », voire « prier » quelqu'un de franchir le seuil de notre maison. Il s'agissait là d'une demande auréolée d'un halo sacré. Le mot « prier » s'est peu à peu retiré de la sociabilité pour demeurer un terme propre à la religion. Désormais, nous « demandons », voire nous « réclamons », quand nous « n'exigeons » pas, des excuses. Prier, c'est se mettre à genoux, comme le musulman dans la mosquée ou sur son tapis, mais aussi comme le chrétien sur le « prie-Dieu » dans l'église, le temple ou chez lui.

Il y a dans la prière, considérée du point de vue économique, une passivité qui s'oppose à l'activité par excellence, le travail. Agir, de nos jours, signifie « produire ». Par définition, celui qui prie est, au moins pendant le temps de sa prière, *improductif.* La prière n'est pas à proprement parler un loisir – la religion est d'un autre ordre – mais elle ne constitue plus une activité. Dans un monde où l'économisme envahit tous les secteurs de la vie des hommes, ce qui semble encore actif doit imiter, de près ou de loin, le travail. Le sport est une activité, tout comme le fait de « faire les courses », mais aussi de « faire le ménage », « cuisiner », « faire ses devoirs », « bricoler » ou « jardiner ». Prier ne ressemble à aucune de ces actions et ne suppose de faire ni une activité utile, ni une activité inutile. Prier, ce n'est ni jouer ni travailler.

C'est donc une étrange pratique que la prière dans la mesure où elle est devenue « étrangère » au monde contemporain. Il y a d'ailleurs dans la prière une anomalie : on ne sait pas pour quelles raisons au juste tant de gens s'y adonnent encore puisque ses résultats ne peuvent être avérés. Extraire du pétrole, pêcher un poisson, tuer des gens : autant d'actions qui se mesurent par leurs effets. En revanche, prier est un anachronisme tant il n'en sort rien de visible, de tangible, de quantifiable. Si la prière trouve grâce, c'est parce qu'on y voit une sorte de méditation pouvant concourir au bien-être de ceux qui la pratiquent. Le silence, la recherche de soi, le calme du lieu où elle se déroule constituent autant d'éléments que l'*Homo œconomicus* reconnaît et à partir desquels il peut donner du sens à la prière. Après le travail, le repos. Certains font du yoga, vont au sauna, prennent un verre avec des amis, alors d'autres peuvent bien prier ! Un peu comme l'homéopathie, la prière ne fait pas de mal.

Prière et instinct

Évidemment, certains diront que la prière prend place dans un rituel, c'est-à-dire dans une logique sociale tout aussi mécanique que la logique économique dans laquelle s'exerce le travail. Après tout, les gens fréquentent leur lieu de culte comme d'autres se rendent à leur lieu de travail ou même au stade ou au cinéma. La tyrannie du loisir – l'industrie de l'*entertainment* – a désormais pris le relais de la dictature du travail qui avait elle-même remplacé l'emprise de la religion. Par son insertion dans une institution, la prière ne serait donc pas si différente du travail et du loisir qu'on pourrait le croire. Les horaires de culte sont fixes, le rabbin, prêtre, pasteur ou imam fait son métier et le fidèle vient participer à une cérémonie reposant sur des habitudes et au cours de laquelle il lit des textes, effectue des gestes coutumiers, entonne des chants. Nous pourrions ainsi penser que l'homme est historiquement passé d'une contrainte symbolique (les rites religieux) à une contrainte économique (les règles du travail) et à une contrainte culturelle (l'exigence de se divertir et de se cultiver), mais que ces trois contraintes se superposent pour une partie de la population.

La religion est la plus vieille institution des sociétés, celle qui donne à un groupe humain sa colonne vertébrale. Les sociétés peuvent ainsi être comparées à des organismes qui reçoivent une pression du milieu tout en exerçant une pression sur leurs cellules et organes. Mais comme tout organisme, elle comporte des processus répétitifs qui l'apparentent à une machine. Il y a du mécanique dans le vivant. Les abeilles vivent ainsi dans la ruche par *la force de l'instinct* ; les hommes en société par *la force de l'intelligence*. Il faut dans les deux cas que l'individu se soumette au collectif. À l'abeille, l'instinct impose les actions qu'elle doit réaliser ; à l'homme, l'intelligence dicte devoirs et croyances. Dans cette soumission instinctive ou intellectuelle, l'être vivant ne survit dans un milieu qu'en appartenant à une organisation.

Dès l'aube de l'humanité, la religion a organisé la vie de l'homme à travers la superstition, cette forme de croyance qui permet à l'homme primitif de vouloir agir magiquement sur le monde. D'où vient cette première forme de croyance ? Probablement de ce que l'homme refusait les limites de son action normale ; il a donc décidé de la prolonger, comme un joueur au casino accompagne de gestes et de regards la bille qui tourne sur la roulette ! Cette première prière de l'homme nous paraît éloignée de l'intelligence ; et le fait est qu'elle en est non seulement éloignée, mais qu'elle lui est opposée. C'est qu'il n'y a de magie que parce qu'il y a de l'intelligence, ce qui signifie que les hommes primitifs ne sont pas moins intelligents que nous : ils inventent la magie pour apaiser les découvertes de l'intelligence. Or, que nous apprend celle-ci ? Que l'homme est un animal mortel, vérité dont aucun autre animal n'a conscience. L'animal saisit un danger dans l'instant, mais il ne se projette pas dans l'avenir, encore moins dans un avenir dont il serait absent ! L'animal colle à l'instant. L'homme se met donc à prier à partir du moment où il est suffisamment dégagé de l'animalité pour prendre conscience de la mort.

Bergson, dans *Les Deux Sources de la morale et de la religion* (1932), écrit ainsi que « [...] la religion est une réaction défensive de la nature contre la représentation, par l'intelligence, de l'inévitabilité de la mort ». À l'idée selon laquelle la mort est inévitable, l'intelligence oppose l'image de la continuité de la vie *postmortem*. L'intelligence fournit ainsi le poison – l'idée de la mort – et l'imagination le remède – l'image de l'immortalité de l'âme. La religion est donc à l'origine une réaction défensive de la nature contre le pouvoir dissolvant de l'intelligence qui déprime l'homme et le détourne de la société. Le philosophe appelle « fonction fabulatrice » ce pouvoir de contrebalancer l'intelligence en produisant des images et des récits. Cette fonction fabulatrice est ainsi le pendant de l'instinct chez l'animal qui, adhérant à l'instant, subit la pression du milieu sans sombrer dans la dépression.

Sous sa forme première, magique et incantatoire, nous comprenons que la prière a un rôle social qui exprime lui-même un enjeu vital : elle réconcilie l'homme avec lui-même en lui apportant confiance et sérénité et en l'intégrant à la société. Le primitif croit exercer par la magie une pression sur le monde en accordant à ses désirs un pouvoir de réalisation secret ; en réalité, il subit la pression de la société qui l'encourage à recourir à la magie afin de rester sociable. De la magie comme solution à la dissolution de l'équilibre individuel et de l'appartenance sociale de l'homme primitif !

Il ne faudrait pas croire que le passage de l'animisme au polythéisme et au monothéisme modifie fondamentalement ce rôle social et vital de la prière. Quand elle est pratiquée dans la perspective d'obtenir les faveurs d'un dieu ou de faire cesser une crainte, elle suit la même logique : celui qui prie dans cette perspective pratique la superstition d'une autre manière, selon d'autres dogmes certes, mais selon le même principe. Bergson parle de « religion statique » pour désigner ce croyant qui prie dans la perspective de réussir ce que le primitif recherche : apaiser l'inquiétude née des actions de l'intelligence et conforter son attachement à la société dans laquelle il vit. Rien de nouveau sous le soleil, si ce n'est ce glissement de l'objet de la foi d'une force impersonnelle (animisme) à un dieu qui devient lui-même une personne (polythéismes et monothéismes). Magique, sacrificielle ou déclarative, la prière ne fait pas avancer l'homme. Elle se contente de l'empêcher de reculer.

Pneumatique de la prière

Prière et émotion

Mais toute prière ne se limite pas au réconfort et à un brevet d'intégration sociale. Apparue dès les religions polythéistes (égyptiennes, grecques et romaines), une autre attitude religieuse s'est affirmée jusqu'à s'épanouir dans les monothéismes. Elle repose sur une émotion et *demande* moins qu'elle ne *reçoit*. Qu'il s'agisse de l'enthousiasme suscité par le dieu Dionysos, dieu du Vin – moins d'ailleurs parce que le vin rend ivre que parce qu'il place son fidèle dans un état d'ébriété similaire à celui causé par l'alcool – ou qu'il s'agisse des mystères de la religion orphique, l'émotion envahit le croyant. Or, celui qui éprouve cette émotion n'est en rien motivé par la peur de mourir : il est réchauffé par une expérience qui le transfigure et change définitivement sa façon de voir la réalité et d'y loger son action. Une *surabondance de vie* naît en lui sans aucune *angoisse de disparaître* !

Cette attitude est bien sûr le propre de l'âme mystique que Bergson décrit ainsi : « Dieu est là, et elle est en lui. Plus de mystère. Les problèmes s'évanouissent, les obscurités se dissipent : c'est une illumination. [...] C'est un immense élan.

C'est une poussée irrésistible qui la jette dans les plus vastes entreprises. Une exaltation calme de toutes ses facultés fait qu'elle voit grand et, si faible soit-elle, réalise puissamment. » On peut s'étonner que ce philosophe sérieux, prix Nobel de littérature, s'intéresse à ces extases vécues par des femmes comme Jeanne d'Arc ou Thérèse d'Ávila. Mais Bergson n'a cure de cet étonnement car il reconnaît en cette âme non seulement l'antidote au pouvoir dissolvant de l'intelligence, mais surtout la pointe avancée de l'élan vital.

Qu'arrive-t-il à cette âme qui fissure le cadre de la religion statique, de la société close et de l'intelligence elle-même ? Elle se détache de la vie et de la société, non pour les ignorer, mais pour les dépasser et s'attacher à la vie en général, c'est-à-dire à Dieu et à l'humanité. À la différence de la prière qui demande, cette prière est une offrande sans contrepartie à Dieu et à la vie. L'âme mystique est totalement détachée d'elle-même (« l'objet n'en vaudrait matériellement plus la peine », dit Bergson) : c'est une vie pleine d'énergie totalement déracinée d'elle-même, comme portée par un flux ou une force qui est l'essence même de la vie. La prière mystique est *altruiste* et *extatique*. Par cette attitude, l'âme mystique nous ouvre à *une religion dynamique* de l'humanité qui ne repose pas sur des rites et dogmes, mais sur des visions et des symboles.

On aurait pourtant tort d'opposer ces deux religions. Il est vrai que les mystiques, lorsqu'ils ne sont pas reconnus comme prophètes, docteurs ou saints, sont souvent rejetés. Dans une certaine mesure, c'est ce qui arrive à de nombreux génies. C'est la même émotion qui s'exprime dans l'art, la science et la religion : elle détache l'homme des écoles et des paradigmes pour qu'il ouvre une nouvelle voie. Sans émotion, il n'y a pas de création. Mais tout comme les avant-gardes déplaisent à l'académisme, la mécanique quantique dérange au début du XXe le paradigme galiléo-newtonien. Au bout du compte, les premières se retrouvent toutes dans les musées et les secondes se pratiquent de concert dans les laboratoires et s'enseignent dans les universités. De la même manière, la religion statique et la religion dynamique apportent sécurité et sérénité : la première parce qu'elle attache le croyant à sa vie et à sa communauté ; la seconde parce qu'elle l'attache à l'élan vital, à Dieu et à l'humanité.

Simone Weil a ainsi raison de rappeler, toujours dans *La Pesanteur et la Grâce*, l'effort qu'exige la prière : « Une inspiration divine opère infailliblement, irrésistiblement, si on n'en détourne pas l'attention, si on ne la refuse pas. » La prière n'est donc pas une activité machinale : elle est une culture de l'attention, une propédeutique de l'esprit, un travail de soi sur soi pour se détacher de soi et accueillir l'élan. La philosophe précise que la prière est « une gymnastique de l'attention », qu'« on ne joue pas Bach sans avoir fait des gammes. Mais on ne fait pas non plus la gamme pour la gamme ». Le passage est donc possible de la mécanique à la mystique, les mystiques le savent qui guettent, tels les surfeurs, le prochain rouleau vital dans l'exercice régulier de la prière.

La mécanique au service de la mystique

Aspiration contre *pression* : tels sont les deux principes qui fondent les deux prières. Si l'âme mystique est mal accueillie, c'est parce que l'homme est un animal et qu'il doit d'abord satisfaire ses besoins avant d'aspirer à autre chose. La pression de ceux-ci est trop forte sur lui. De là vient qu'il travaille à la sueur de son front. Il n'est toutefois pas illégitime de penser qu'une fois ses besoins satisfaits, l'homme s'élèverait au-dessus du corps, tel un ballon gonflé d'hydrogène dont on aurait lâché le fil. Dès lors, on peut s'interroger sur le pouvoir de l'innovation technique à libérer l'homme de ce fardeau pour qu'il puisse se consacrer à son âme. Bergson envisage ainsi deux solutions pour recueillir et développer cette aspiration de l'âme vers l'absolu : la première passerait par la mécanique, la seconde par la mystique.

Si l'homme est un animal original, c'est qu'il n'est pas né avec des instruments spécifiques, mais avec une intelligence capable de les fabriquer. L'homme doit son intelligence à cet oubli de la nature. De là vient que l'intelligence ne comprend le monde que pour agir dessus, pour que l'individu et l'espèce s'y adaptent. Alors que l'*instinct* coïncide avec la vie, l'*intelligence* la met à distance, la démonte et la schématise pour mieux agir sur elle. Instinct et intelligence participent cependant de la même exigence : l'adaptation. C'est la raison pour laquelle l'*Homo sapiens* est un *Homo faber* – un homme qui fabrique. En dépit de ses apparentes envolées abstraites en mathématiques ou dans la recherche fondamentale, l'intelligence est foncièrement mécanique puisque la connaissance de son objet aboutit toujours à considérer celui-ci comme une machine. Dans les *Deux Sources de la morale et de la religion*, Bergson écrit : « L'intelligence est faite pour agir mécaniquement sur la matière ; elle se représente donc mécaniquement les choses. » Alors que la vie est création et source d'imprévisibles nouveautés, le scientifique ne retient en elle que ce qui s'y répète : il la regarde en mécanicien.

Ce regard a néanmoins prouvé son efficacité : en simplifiant et schématisant le réel, l'homme en a acquis une indiscutable maîtrise que Bergson reconnaît : « La nature, en nous dotant d'une intelligence essentiellement fabricatrice, avait ainsi préparé pour nous un certain agrandissement. Mais des machines qui [...] convertissent en mouvement des énergies potentielles accumulées pendant des millions d'années sont venues donner à notre organisme une extension si vaste et une puissance si formidable [...] que sûrement il n'en avait rien été prévu dans le plan de structure de notre espèce : ce fut une chance unique.[...] Une impulsion spirituelle avait peut-être été imprimée au début : l'extension s'était faite automatiquement, servie par le coup de pioche accidentel qui heurta sous terre un trésor miraculeux. » Ainsi, la découverte des énergies fossiles a permis de multiplier de manière exponentielle la domination de l'homme sur la nature. L'*Homo faber* est ainsi devenu « comme maître et possesseur de la nature », ce que Descartes projetait et dont il sentait au XVIIe siècle les prémices.

De là l'idée de faire de ce succès mécanique un moyen de libérer l'homme des besoins et du labeur qu'il devait accomplir pour les satisfaire. Bergson souhaite ardemment que la mécanique se mette au service de l'homme, c'est-à-dire de son âme, ce qu'il résume dans une formule : « La mystique appelle la mécanique. » Un tel projet impliquerait que le gigantesque système de production d'énergie et de richesse soit mis au service de tous. Chacun se voyant libéré de la tâche épuisante, physiquement ou nerveusement, de satisfaire ses besoins, pourrait se tourner vers l'essentiel. Force est de constater non seulement que rien de tel ne s'est produit depuis les débuts de l'industrialisation, mais que l'inverse s'est plutôt réalisé. Si l'innovation technique est toujours présentée comme un moyen de soulager l'homme du dur labeur, elle n'ouvre jamais la voie à une telle libération. Il est vrai que l'invention des machines à vapeur, à laver et à café a permis à l'homme de se déplacer plus vite, à la femme de se libérer de la corvée de lessive et de la partager avec son conjoint, à l'individu de consommer un excitant sans avoir à le préparer. Mais dans l'ensemble, les progrès techniques n'ont permis ni de réduire les inégalités entre les hommes, ni de détacher l'homme de son corps et de ses besoins. Tout se passe comme si la satisfaction des besoins ne débouchait que sur l'invention de nouveaux besoins qui maintiennent l'homme dans son corps, l'inscrivant plus profondément encore dans son animalité, aussi sophistiqués que puissent paraître ces nouveaux besoins et leurs solutions techniques.

À la possibilité d'élever spirituellement l'homme par la technique, Bergson répond sans ambages : « Or, dans ce corps démesurément grossi, l'âme reste ce qu'elle était, trop petite maintenant pour le remplir, trop faible pour le diriger. D'où le vide entre lui et elle. D'où les redoutables problèmes sociaux, politiques, internationaux [...]. » La débauche de moyens techniques que l'homme a mis en œuvre plonge donc l'humanité dans une inégalité croissante. Bergson le dit lucidement : « L'humanité est une espèce animale, soumise comme telle à la loi qui régit le monde animal et qui condamne le vivant à se repaître du vivant. » L'essor de la technique pourrait être une solution à la dépendance physiologique du corps humain ; elle renforce au contraire l'instinct de prédation et débouche sur des sociétés inégalitaires et un clivage de plus en plus croissant entre une humanité affable et misérable et une humanité se croyant vénérable et invulnérable.

L'*Homo faber* a ainsi accouché d'un corps agrandi, certes, mais disproportionné : une petite tête posée sur un grand corps malade. *Megasoma métastasé* versus *microcéphalè* ou plutôt *micropsychè*. La machine est devenue puissante mais d'une puissance qui n'est jamais parvenue à constituer un levier spirituel. Pour l'heure, c'est la mécanique qui roule sur la mystique, donnant à notre humanité l'allure d'un corps hypertrophié et d'une âme sous-développée. « On ne l'a pas assez remarqué, parce que la mécanique, par un accident d'aiguillage, a été lancée sur une voie au bout de laquelle étaient le bien-être exagéré et le luxe pour un certain nombre plutôt que la libération pour tous », écrit Bergson.

Via la technique et par contraste, l'âme de l'homme ressemble à une naine dans un corps de géant. Les recherches pour offrir à l'homme une réalité augmentée vont dans ce sens. À quoi bon percevoir le réel par une superposition d'images virtuelles si nous sommes incapables de percevoir notre difformité ? Micromégas au pays de la mécanique : tel est l'homme du XXIe siècle. Humanité obèse de sa technique, réalité *macrosomatique* et *micropsychique*, petite tête sur un corps d'hippopotame : voilà ce que la conscience postmoderne est devenue. C'est un peu comme si un homme, parti de rien, s'était considérablement enrichi pour passer sa vie dans des grosses berlines et des pent-houses. Tout ça pour ça ! Si les progrès techniques ne contribuent en rien au progrès spirituel de l'humanité, c'est parce qu'ils sont confisqués par le corps : le tracteur n'a pas empêché la famine, les OGM ne feront pas mieux. Les vaccins n'ont nullement empêché des morts par millions, les fioles demeurant au Nord dans les laboratoires tandis que les hommes mouraient au Sud au pied des oratoires. Les biotechnologies sont l'expression d'une même méprise : le fait de disposer de cellules souches dans un congélateur et d'un clone dans une clinique privée ne contribuera en rien à une élévation de la spiritualité. La solution devient dissolution si elle est seulement confiée à l'intelligence. Aucune découverte technique ou scientifique n'a jusqu'à présent fait progresser moralement l'humanité. Aucune.

Mystérieux supplément d'âme

La technique est un leurre qui fait croire à un *progrès* de l'humanité alors qu'elle en constitue un *regrès*. Il ne faut pas croire que l'humanité va évoluer avec la technique car celle-ci ne fait que l'attacher au corps. Obsédé par son corps, l'homme tourne autour de lui en le bourrant d'énergie et de remèdes, sans voir que ce qui le ferait avancer vers lui-même n'est pas corporel, mais spirituel. Avec cet emballement de la techno-science, l'homme a trouvé une raison factice de ne plus chercher à savoir ce qu'il est. Or, l'humanité, comme toute espèce animale, constitue un arrêt de l'élan vital. De la même manière que les acadé-mismes, les sociétés closes ou les religions statiques tournent en rond et n'inventent plus rien, l'huma-nité se perd dans ses innovations technologiques, pyrotechnie de gadgets mécaniques qui l'enkystent dans le corps.

Si la technique ne résout pas le problème de l'homme, il lui reste la mystique. La voie est plus étroite étant donné la résistance du corps aux aspi-rations spirituelles, mais elle ne doit pas être délaissée pour autant.

Bergson nous invite ainsi à envisager cette voie : « Ne nous bornons donc pas à dire [...] que la mystique appelle la mécanique. Ajoutons que le corps agrandi attend un supplément d'âme et que la mécanique exigerait une mystique. » Cette atti-tude de l'âme, faite d'ouverture et de générosité, est la seule susceptible d'offrir à l'humanité ce *sup-plément d'âme* qui ne parvient pas à surgir des *machines*, du *machinal* et du *machinique*. Pour que l'homme évite de devenir lui-même un *machin*, il faut que par la prière soit ranimée la flamme de l'élan qui le porte au-dessus de lui-même, vers une humanité régénérée. À la différence de la magie, la mystique ne constitue donc pas *un anti-dote* à l'intelligence : elle propose une autre vie.

Lorsque saint Jean de La Croix affirme, dans *La Nuit obscure* (vers 1584), que c'est dans l'éclipse de la raison que le mystique a la révélation de la foi, ce n'est pas pour faire œuvre d'obscurantisme, mais de lumière. Le *mainstream* est rationnel et suit la pente de la raison comme les moutons de Panurge descendent celle qui les conduit au bord de la falaise. Le Smartphone rend sourd dans la mesure où il dilue déjà un discours de faible den-sité : « Où es-tu ? » À rebours de ce panurgisme, le mystique remet l'humanité en marche au point où l'élan vital l'a arrêté : « Il est cet élan même communiqué à des êtres privilégiés qui voudraient alors l'imprimer à l'humanité entière et [...] convertir en effort créateur cette chose créée qu'est une espèce, faire un mouvement de ce qui est par définition un arrêt », écrit Bergson. Nous sommes très loin du clonage qui vise à répéter l'individu ! L'appel du mystique est un coup de fouet donné à l'humanité en l'invitant à se mettre en mouvement, à convertir son regard, à changer non de mode de vie, mais de vie.

Mais l'effet d'entraînement du mystique ne passe pas par *un pipe-line*, mais par *le chas* d'une aiguille. Le mystique transmet de proche en proche l'élan reçu à une petite communauté. Une grosse déperdition de l'énergie spirituelle est à prévoir, mais le succès peut être au bout du chemin. En fin de compte, le judaïsme, le christianisme et l'islam, mais aussi le taoïsme ou le bouddhisme sont d'abord nés de grandes figures individuelles qui ont entraîné dans leur sillage et leurs actions quelques personnes avant de devenir des aires de civilisation ayant façonné l'humanité. Que seraient devenus le judaïsme sans Moïse, le christianisme sans Jésus, l'islam sans Mahomet, le taoïsme sans Lao-Tseu et le bouddhisme sans Bouddha ? Il a fallu d'abord qu'un homme réponde à un appel et que son émotion devienne motion, moteur et motorisation d'une humanité qui s'était arrêtée de marcher.

Le mystique n'est rien d'autre que la dernière cartouche de l'élan vital, une ultime chance pour l'humanité de se régénérer. Il instille une nouvelle vision du monde qui offre à l'humanité force et confiance. Sandra Zomerman, théoricienne hollandaise du marketing, raconte, pour défendre sa

théorie de la motivation en entreprise, une histoire se déroulant au Moyen Âge. Trois ouvriers
travaillent sur un chantier lorsqu'un passant
s'arrête pour demander à chacun ce qu'il fait. Le
premier dit « je pose des pierres les unes sur les
autres », le deuxième répond « je construis un
mur », le troisième affirme « je bâtis une cathédrale ». Cette parabole est jubilatoire et il n'est pas
étonnant que le monde du travail, qui doit satisfaire les besoins de l'homme, aille puiser les res-
sorts de sa motivation dans la mystique. La réponse
du premier ouvrier est déprimante, et comment
en serait-il autrement quand l'horizon du monde
se heurte à une pierre, c'est-à-dire à un corps ?
Celle du deuxième participe du monde rationnel,
fonctionnel et pragmatique : l'homme fait une
action utile en montant un mur. Mais seule la troisième est enthousiasmante car elle rappelle à
l'homme que dans le détail ne se cache pas le
diable, mais Dieu. Dans chaque pierre portée et
posée, l'homme édifie une grande œuvre qui rend
la peine légère et le corps secondaire. Comme dit
Aragon, l'homme « creuse des galeries vers le
ciel » ; et le même poète, longtemps communiste,
écrit dans « Les oiseaux déguisés » :

> De rue en rue et je chantonne
> Un air dont lentement s'étonne
> Celui qui ne sait plus prier

Prier, c'est ainsi poser chaque pierre sur fond de cathédrale, c'est-à-dire accomplir chaque geste du quotidien sur une toile amoureuse. Assurément, une telle démarche repose sur une vitalité accrue, sur une réalité spirituelle augmentée. Bergson parle d'une « énergie, une audace, une puissance de conception et de réalisation extraordinaires ». Il y a donc une prière qui n'est pas mécanique, qui ne se récite pas via un moulin, mais qui suppose de redonner à l'humanité un élan qui s'est fossilisé dans la technique.

La prière mécanique attache, la prière mystique détache : la première est obligation, la seconde est libération. La vraie vie n'est pas la vie immortelle, mais la vie augmentée, densifiée par un souffle (*pneuma*) nouveau. La perception augmentée n'est qu'une énième lubie de la technique pour maintenir le corps prisonnier du mécanisme. La technique est le signe d'une vie qui s'essouffle et qui, impuissante à se régénérer, se plaît à se conserver. À l'inverse, Dieu est souffle : il est moins là pour nous remplir les bronches que l'âme. C'est parce qu'il respire qu'il nous inspire. Inspirer profondément pour mieux respirer n'est pas seulement une loi physiologique. Elle est le principe de l'âme. Le mystique est *en-thousiaste*, c'est-à-dire in-spiré (*en*) par Dieu (*theos*). Celui qui respire mal, pense mal, agit mal : il vit sur le mode de la contrariété et de la frustration. La première occurrence du mot *athée* se trouve chez Sophocle qui déclare Antigone « *atheia* ». Il ne veut pas dire qu'elle a renoncé à Dieu, mais que celui-ci l'a abandonnée et qu'elle se retrouve désespérée devant le corps de Polynice livré aux charognards. L'enthousiasme ouvre les fenêtres de l'âme – l'hindouïsme dirait les *chakras* – et conduit à une réconciliation de l'âme avec le divin qui est souffle de vie.

Le mystique n'est un mystère que pour l'homme qui l'observe du point de vue de la machine. Mais la fluidité qu'il redonne à la vie dissipe le mystère au profit de la plénitude et de l'énergie. L'âme cesse de tourner sur elle-même et se prépare à sa transformation : elle sort de la circularité qui conditionne socialement l'individu et égoïstement le social. Le mystique ne désherbe pas seulement son moi : il jardine les âmes et cultive leurs rhizomes. Dans *Les Frères Karamazov*, Dostoïevski ne dit pas autre chose : « Aimez toute la création de Dieu, tout l'ensemble jusqu'à la moindre poussière. Si vous aimez chaque chose, vous comprendrez le mystère de Dieu dans les

choses. » Commencez la vie dans la confiance ;
l'intendance suivra. La prière n'est ni une cause ni
une pause : juste une rose sans pourquoi.

CONCLUSION

L'ère du soupçon s'achève : la défiance politique à l'égard du religieux n'avait d'égale que sa
croyance naïve dans le progrès. Dieu est là. Loin
d'être une fabrique de crétins, la religion participe
d'un ré-enchantement du monde porteur de
fortes aspirations. Croire constitue la forme la plus
élevée de l'esprit ainsi qu'une présence au monde
originelle et originale. Je ne crois pas *par naïveté*,
sauf à définir celle-ci comme la capacité à percevoir les choses dans leur pureté. Croire m'indique
un chemin, m'implique dans la société, me guide
dans ma liberté, redresse ma courbure et me
replace dans le flux de la vie.

À l'heure où l'intégrisme et le fanatisme
s'invitent dans la plupart des religions, on pourrait
penser qu'elles sont archaïques et que leurs fidèles
sont des crétins. Mais il importe de ne pas juger

une réalité sur ses sous-produits et de porter notre regard vers ses sommets fréquentés par des individus nous révélant le propre de l'humanité. Au-dessus de l'intelligence, il y a l'amour. Prier, c'est penser en dehors du mécanique. *Credo* et non *meccano* (du grec *mekkhané*, qui a donné son nom au jeu de construction).

Que l'on regarde ou non dans cette direction, on ira tous au paradis. Pourquoi ? Parce qu'il n'y a pas d'autre chemin. Notre voyage est à sens unique. D'une manière ou d'une autre, l'élan vital nous pousse au-dessus de l'organisme (le corps) et de l'organisation (le corps social). L'homme est le seul animal religieux, non parce qu'il est supérieur, mais parce qu'il est la dernière salve de l'élan vital. Reliure de l'humanité, cette force initiale est en chacun de nous. C'est à la retrouver que s'efforce une vie. C'est à l'atteindre que consiste le paradis.

QUELQUES GOUTTES D'ANTIDOTE

« Le doute me ronge. Et si tout n'était qu'illusion ? Si rien n'existait ? Dans ce cas, j'aurais payé ma moquette beaucoup trop cher. Si seulement Dieu voulait m'adresser un signe de son existence… s'il me déposait un bon paquet de fric dans une banque suisse, par exemple ! »

Woody Allen, *Dieu, Shakespeare et moi*

« Dieu est substance. »

Spinoza, *Éthique*

« Dieu est l'immense souffle de l'univers. Le jour est Son inspiration ; la nuit, Son expiration. Été, hiver cosmiques. Ardente est l'âme ou glaciale. »

Edmond Jabès, *Le Livre des ressemblances*

« Croire pour croître. »

Edmond Jabès, *ibid.*

« Peu de désirs, aucun projet. Je n'ai jamais cru aux bonnes paroles du genre : "une vie, ça se construit." Je ne crois en rien, seulement en Dieu. »

Christian Bobin, *Autoportrait au radiateur*

« J'ai fait très peu de choses aujourd'hui. J'ai fait ce que je fais chaque jour : j'ai espéré un miracle. »

Christian Bobin, *ibid.*

« Qu'on ne s'y trompe pas : ce vêtement noir que portent les hommes de notre temps est un symbole terrible ; pour en venir là, il a fallu que les armures tombassent pièce à pièce et les broderies fleur à fleur. C'est la raison humaine qui a renversé toutes les illusions ; mais elle porte en elle-même le deuil afin qu'on la console. »

Alfred de Musset, *La Confession d'un enfant du siècle*

« Pour ceux qui ignorent cet état, qu'ils imaginent d'après les amours d'ici-bas ce que doit être la rencontre de l'être le plus aimé. »

Plotin, *Ennéades*, VI, 9, 9, 39

BIBLIOGRAPHIE

La Bible
Le Coran
Le Tao-tö-King

Aragon, Louis, *Les Adieux et autres poèmes*, Bibliothèque de la Pléiade, 2012.

Bergson, Henri, *Les Deux Sources de la morale et de la religion*, GF-Flammarion, 2012.

Descartes, *Méditations métaphysiques*, GF-Flammarion, 2011.

Épicure, « Lettre à Ménécée », dans *Lettres et Maximes*, GF-Flammarion, 2011.

Freud, *L'Avenir d'une illusion*, GF-Flammarion, 2011.

Heidegger, Martin, *Essais et conférences*, Tel Gallimard, 1980.

Saint Jean de La Croix, *Dans une nuit obscure*, Librio, 2001.

Kant, Emmanuel, *Critique de la raison pure*, GF-Flammarion, 2006.

Marx, Karl, « Contribution à la Critique de la philosophie du droit de Hegel », dans *Écrits philosophiques*, Champs Flammarion, 2011.

Nietzsche, Friedrich, *La Généalogie de la morale*, GF-Flammarion, 1996.

–, *Ainsi parlait Zarathoustra*, GF-Flammarion, 2006.

Platon, *République*, GF-Flammarion, 2002.

Rousseau, Jean-Jacques, *Discours sur l'origine et les fondements de l'inégalité parmi les hommes*, GF-Flammarion, 2012.

Vernant, Jean-Pierre, *Les Origines de la pensée grecque*, PUF, 2013.

Weil, Simone, *La Pesanteur et la Grâce*, Plon, 2002.

TABLE